発達障害 最初の一歩

お友だちとのかかわり方、言葉の引き出し方、「療育」の受け方、接し方

松永正訓
医師

中央公論新社

はじめに

急に「発達障害」の相談が増え始めました

私は開業医になって15年目になりました。クリニックには毎日平均して75名くらいのお子さんが見えます。混雑もしていないし、ガラガラでもありません。ありふれた小児クリニックです。開業当時は、発達障害の子どもはあまり目立ちませんでした。しかし最近は違います。保護者から発達障害の相談を受けることが急に増え始めました。私の方から「言葉がちょっと遅いですね。発達に不安はありませんか」と声かけすることも増えました。また、2018年に『発達障害に生まれて——自閉症児と母の17年』(中央公論新社、2019年第8回日本医学ジャーナリスト協会賞大賞受賞)という本を上梓したため、同書を携えて遠方から患者家族が相談に来ることも稀ではありません。

最初にお断りしておきますが、私はもともと小児外科医です。発達障害を診断・診療するのは、児童精神科医や、こころを専門にする小児科医ですが、そうした医師は日本にほんのわずかしかいません。それで専門医ではない私の診療所にも発達障害の相談が数多く持ち込まれているのだと思います。

発達障害に関する一般向けの本は多数あります。出版界では「発達障害の本の出版は加熱気味」などと言われているようです。ただ、現在、出版されている本の多くは、すでに発達障害の基礎知識のある方にしか理解が難しい内容だったり、大人の発達障害をテーマにしていたりします。

もし、「わが子が発達障害かも」と不安に思ったとき、保護者はいったい何科に行けばいいのでしょうか。そしてどういう手順で発達障害と向き合っていけばいいのでしょうか。発達障害の可能性があるお子さんを持ったお父さん、お母さんの「最初の一歩」を支えたい……そんな思いで私は筆を執ることにしました。

専門医が極めて少ない中で、発達障害の疑いがある子どもたちを救うための鍵を握るのは、小児クリニックのかかりつけ医だと思います。なぜなら、かかりつけ医は子どもの普段の姿を赤ちゃんのときからずっと見ているからです。私は千葉市医師会に所属していますが、医師会でも同様の問題意識があり、最近では定期的に発達障害の勉強会を開催しています。私も診療が終わってから勉強に通っています。こうした取り組みは多くの医師会で共通なのではないでしょうか。

冒頭で述べた通り、ここ数年、保護者の間で発達障害に対する関心がとても高まっています。その最大の理由は、発達障害の子どもが増えているからでしょう。ここで「増えている」と言ったのには、やや複雑な意味があります。本当に患者の数が増えているのかというと、それは大変に微妙です。

確かに医学的な統計を見ると、患者数が激増しています。1970年代には1万人に5人（0・05％）程度でした。ただ、この当時は発達障害という概念はまだ存在せず、発達障害と考えられていた疾患は自閉症を意味していました。私の先輩の医師が医学生のときに、精神科の実習で自閉症の子を見たそうです。そのとき指導教官は、「この子は自閉症という大変珍しい病気だから、よく見ておくように。この先、同じような子どもに出会うことは、まずないよ」と言ったそうです。

しかし、2012年に文部科学省が行った調査によると、通常級に在籍する子の6・5％に発達障害の可能性があると指摘されています。特別支援学級や支援学校にいる知的障害を伴う発達障害の子を含めれば、すべての発達障害の子の頻度は10％に上るという推測もあります。ある医師は、発達障害を小児領域における日常疾患と捉えるべきだと言っています。

この数字の増加をどう捉えればいいのでしょうか？　一つの考え方は、実際に発達障害の子が増えているという解釈です。発達障害は複数の遺伝子の働きのエラーと環境因子の組み合わせで発症します。結婚と出産の高齢化が進むと、母親の卵子の老化が話題になりますが、遺伝子異常は精子の方に問題があるケースが多いのです。実際、父親が高齢であると発達障害の子が生まれる頻度が高くなるという報告が複数の施設から出されています。

そしてもう一つは、発達障害に対する医療や社会の理解の仕方の違いが、患者数の増加としてカウントされているという解釈です。発達障害は、重い子どもから軽い子どもまで幅があります。発達障害のない、いわゆる通常に育っている子を定型発達児といいますが、「軽い発達障害児」と「定型発達児」との間にも、いわゆるグレーゾーンがあり、障害をクリアに線引きすることは困難です。すると今まで医療の対象になっていなかった子にも医療と支援の手が差し伸べられるようになり、患者数として数に入っている可能性があります。

また、社会の様相も変化しています。昭和の時代は子どもがたくさんいて、それぞれの個性を持った子どもたちが、広く社会から受け入れられていました。特別支援教育もまだ未整備で、通常級にも「コミュニケーションが取れない子・多動な子・勉強がとても苦手な子」はたくさんいました。

しかし今の時代は大人たちが個人の権利意識を強く持つようになり、心広く他人を受け入れないようになっているように見えます。たとえば、保育園の建設をめぐって園児の声がうるさいから反対するという報道にも接します。

今の社会には、LGBTなどのマイノリティーを尊重する流れが生まれつつある一方で、世間の空気はおおらかさを欠き、他者に不寛容に見えます。こうした社会では、発達障害の特性を持った子は、社会にうまく馴染めず、また容易に弾き出されたりするかもしれません。そして保護者も不安になって医療機関に相談に来るのだと思います。こうしたことが、統計上の患者数の増加につながっている可能性があります。

私は発達障害に関して難しいことは書けません。発達に問題を持っていそうな子に対して、どんなふうに関わればいいか悩みながら診療をしています。ですから、そうした難しさをここで書いていくことは可能です。しかしそれは逆に読者のニーズに合うのではないでしょうか。

本書では、発達障害の診断（あるいはその可能性）に戸惑い困ってしまった親御さんのエピソードをいくつも紹介していきます。さらに、療育とはどういうものか、親は子どもにどう接して成功体験を積ませるか、学校をどう選び、きょうだいをどうフォローするかなどについて解説していきます。

私のクリニックのカルテを開きながら、発達障害とどう向き合うか、一緒に考えてみたいと思います。

目次

発達障害最初の一歩

お友だちとのかかわり方、言葉の引き出し方、「療育」の受け方、接し方

1章　言葉の出ないカッ君

コミュニケーションは取れるのですが……

3歳を過ぎたばかりのカッ君がクリニックを受診しました。3日前から鼻水・咳があり、今日になって下痢も始まったそうです。カッ君はこれまで何度かクリニックを受診しています。しかし、1歳6カ月児健診はうちのクリニックではやっていません。つまり、2歳を過ぎた頃からうちのかかりつけになったわけです。

私はお母さんに問診を重ね、カッ君の胸と腹を診察しました。診断は特に難しくありません。普通の風邪という判断で大丈夫でしょう。

カッ君は診察室内のポケモンの絵を見ながら、声を出しています。それが私にははっきりと聞きとれません。

「ららら ん、らね～」

こんな感じです。私はお母さんに尋ねてみました。

「お母さん、カッ君はしっかり話しますか？」

「それが……単語は出るんですけど、文章にならなくて」

「2語文は喋りますか？　これ・ほしい……とか」

「単語のくり返しなんです。ちゃんとした2語文は出ません」

カッ君はお母さんの膝から下りると、スタスタと診察室とつながっている処置室へ走って行きます。慌てて看護師があとを追います。

「その単語を使って、お母さんとコミュニケーションが取れますか？」

「あ、それが取れるんです。何を言っているか私には分かるんです」

「お父さんは？」

「……主人も分かっているようです」

「身振り手振りや顔の表情でお母さんに何かを伝えることはできますか？」

「それもできます」

「同じ3歳くらいの子どもに関心を持って接しますか？　つまり、ほかの子に興味がある?」

「大丈夫です。お友だちと遊んでいます」

「何かの物や動きに、頑固に執着することはありませんか?」

「執着ですか? 特に気になりません」

「どんな遊びが好きですか?」

お母さんは一瞬考えてから答えました。

「ミニカーみたいなおもちゃの車でよく遊んでいます」

「どういう風に? 車を走らせていますか? それとも並べて眺めている?」

ちょっと戸惑うように答えます。

「ブーって言いながら走らせていますね」

「おままごととか、ごっこ遊びとか、何かの振りをするとか、できますね?」

「はい。包丁で切るまねとかしています。戦隊物の振りもしますよ」

ここまでの会話で多くのことが分かります。カッ君は両親との間でコミュニケーションが可能です。ほかのお友だちとの間で社会的コミュニケーションも成り立っています。遊び方に想像力があり、限定された反復的なこだわりはありません。

カッ君は看護師と一緒に診察室に戻ってきましたが、室内のいろいろなものを目がけては、「あああ」と声を出しながら走っていき、掲示物や玩具をバンバンと叩きます。

3歳くらいの男の子は、大なり小なりたいていは多動です。しかしカッ君はちょっとほかの子よりも多動に見えます。そしてやはり発語が私には不明瞭に聞こえ、その行動が何を表現しようとしているのかはっきりしませんでした。顔の表情も読み取りにくい印象でした。

「お母さん、1歳6カ月児健診では何も言われませんでしたか?」

「はい。特に問題ないって……」

「カッ君はちょっと発達に上手じゃない部分があるんじゃないでしょうか? お母さんとコミュニケーションを取れるとか、友だちと遊べるとか、こだわりがないとか、そういうお話を聞くと、自閉スペクトラム症とは言えないように思います。だけど、ちょっと言葉による意思の疎通が上手ではない気がするんです」

「ええ。でも、うちの主人も子どもの頃、言葉が遅かったそうです」

「それに対してどう対応したのですか?」

「幼稚園に入ったら言葉が増えたそうです」

「なるほど、よくあるパターンですね。うちの長女も幼稚園に入るまで全然喋らなかったんです」

「この子はこのあと、幼稚園のプレに入れる予定なんです」

プレとは、正式に幼稚園に入園する前の体験版みたいなものです。

「ああ、じゃあ、それに期待してもいいかもしれませんね」

「言葉が遅いと何か対策があるんですか？」

「療育という方法があります。療育とは、発達が上手じゃない子に対して発達を促し、自立して生活できるように援助をする取り組みです。療育の教室には、自閉スペクトラム症とはっきり診断された子も来ますし、言葉が苦手という程度の子も来ます。そういう施設で言葉の練習をするんです」

私はカッ君には発達障害の可能性が少しはあると思いましたが、専門施設を紹介するほどではないと判断しました。もう少し様子を見てもいいけれど、ただ様子を見るのではなく、療育を始めた方がいいと考えたのです。

療育の具体的な風景は、言葉の練習をしたり、動作のまねをしたり、生活のルールを学んだり、工作やお絵かきをしたり、グループでゲームをしたり、体をいっぱいに使った運動をしたりすることです。動画サイトで「発達障害　療育」と入力してみると、多数の療育風景を見ることができます。本書では、具体的な内容を4章以降で説明していきます。

療育を行ってくれる児童発達支援の施設が千葉市には59カ所あります。かかりつけ医が意見書を書くと、受給者証が発行され家族は1割負担で通所施設を利用できます（2019年10月からは、3歳から就学までの子は無償化された）。こうした児童発達支援事業所は全国に約4700カ所あります（2017年1月現在）。

カッ君の場合、発達が促されればそれでいいし、伸び悩むなら改めて専門機関に紹介状を書けばいいのです。

「じゃあ、お母さん、3歳児健診には集団と個別がありますから、個別の健診をうちで受けてください。そのとき、また相談しましょう」

3歳児健診は、名称は3歳ですが、個別にクリニックを訪れるのは3歳半を過ぎた頃です。次に会うのは風邪でも引いて受診しない限り、6〜7カ月後だと私は思いました。

「療育で言葉が増えてきたんです」

しかし1週間もすると、お母さんはカッ君を連れてやってきました。

「先生、主人と相談したんですけど、やはり言葉が気になるって主人も言うんです。療育を受けられるなら、受けてみたいんです」

「分かりました。いいですよ。意見書を書きましょう」

私は電子カルテに向かいました。診断名を「言語発達遅滞　発達障害の疑い」と書き、カッ君の特性を整理して記入し、最後に「療育が必要と判断します」と書いて締めくくりました。

「この意見書を持って保健センターに行ってください。保健センターでは、障害児相談支援事業所という組織をまず紹介してくれます。その相談所で、カッ君にふさわしい療育の施設をお母さんと一緒に探してくれます。ただ、相談支援事業所は数が少なくて、ひと月近く順番待ちになるかもしれません。療育を受ける事業所が決まったら、受給者証が発行されますから、それを使って言葉の療育を受けてください」

こうしてカッ君の療育が始まりました。私はお母さんに、「6カ月後に再診して、その後、どう変化したか教えてください」と言い添えました。

そして再診の日がやってきました。私は二人に椅子に座ってもらいました。

「お母さん、どうですか？　カッ君の様子は？」

「それが先生、言葉が増えてきたんです。2語文が出るようになりましたし、3語のこともあるんです」

「それはよかった。どう、カッ君、療育の◯◯に行くのは楽しい？」

するとカッ君は席を立ち、またもや隣の部屋へスタスタと走り去っていきました。このあたりの落ち着きのなさはあまり変わりません。

「じゃあ、このまま療育を続けてみますか？　場合によっては、千葉市療育センターに紹介状を書いて、専門の先生に一度診察してもらおうかと考えていたんです」

「そこへ行くと何かできるんですか？」

「専門家のコメントがもらえるということと、もし希望があれば心理検査を受けることができます。知能検査とはまた別で、発達の程度を評価するんです」

「そうですか。でも、私たちは今の状態で満足しています。幼稚園でもお友だちと仲良くしているし、言葉も増えてきたので、このままようすを見てみます」

「分かりました。もうそろそろ3歳児健診ですね。そのときにまた話しましょう」

カッ君の成長はこれからも見守る必要があります。カッ君には不得手な部分もありますが、それ以上に十分な伸びしろがあるように感じられました。

「焦らず、ゆっくり」。それ、大事です！

そして3歳7カ月になり、カッ君は私のクリニックに健診にやってきました。身長と体重、そして頭囲を測定してから、カッ君は私の目の前の椅子に座りました。

私が大きな声を上げます。

「こんにちは！」

「……」

返事はありません。

「お名前は？」

「……」

「何歳？」

3本の指を出します。私は、分かったよというようにその手を握りました。

「お母さん、カッ君、自分の名前は言えますか？」

「ええ、いつもは言えるんです」

「はっきりと？」

「それがちょっと、ゴニョゴニョと」

「分かりました。ところで、幼稚園の生活はどうですか？　みんなと遊んでいますか？」

「ええ、今のところは大丈夫みたいです」

しかし、その後のカッ君の幼稚園生活は何とも微妙になっていきます。年中さんとして幼稚園生活を送るカッ君は友だちと遊ぶことができました。だけど、時々おもちゃの取り合いで喧嘩になってしまい、自分の思い通りにならないと激しいかんしゃくを起こすようになりました。言葉よりも手がすぐに出てしまうという感じです。

私はそうした幼稚園での様子をお母さんから聞き、療育の先生にぜひ相談してみてくださいと助言しました。3歳児健診が終わってしまうと、そのあとの定期健診はもうありませんから、カッ君が風邪などで受診するたびに、私はカッ君の成長を聞かせてもらいました。

「お母さん、療育はどんな感じですか?」

「個別で療育してもらってかなり言葉がスムーズに出るようになりました。単語も増えましたし、文章にもなっています。でも、集団の療育が難しいんです」

「というと?」

「療育には、発達障害がかなり重い感じの子もたくさん来ているんですけど、そういう子たちって、すごく多動なんです。グループで療育を始めると、そこの子たちは座っていられなくて走って逃げてしまうんです。そうすると、座ってなくてもいいのかなと思うらしく、つられて立ち上がっちゃうんです」

「なるほど。難しいですね。発達を伸ばすためには、個別の療育も集団の療育も両方必要なんです。個別で言葉を増やし、集団でほかのお友だちとの間で言葉を使うことで、本当に伸びたと言えるんです。そうですか、みんな脱走しちゃうのかー」

「でも、焦らずゆっくりやろうと思っています」

「あ、お母さん、それ大事です。人間が成長していくのって大人でも子どもでもゆっくりですよ。一足飛びにはいきません。焦らないで……あきらめないで」


さらに時間が経ち、カッ君は5歳になっていました。就学時健診の時期が近づいていました。私の診察室ではほとんど喋らず、壁に貼ってあるポケモンの絵を眺めています。3歳の頃のように院内を走り回るということはありません。

「幼稚園の様子はどうですか？」

「お友だちと仲良くやっています。お友だちもたくさんいるんです。以前みたいに喧嘩したりしません」

「では、困っていることは？」

「そうですね……特にありませんね」

「言葉も普通に出るようになって？」

「ええ、ただ、やっぱり、その場の空気を読まないことを言うんです。ちょっと会話がかみ合わないみたいな？」

「そうなんですね」

「それと、幼稚園の先生と目を合わせるのが今でも苦手なんです」

そう言えば、カッ君はさっきから私の方を見ようとしません。我々の会話を聞きながら、ずっと絵を見ています。

「なるほど。でも困っているというほどではないということですね」

「はい。以前は、この子は特別支援学級とかに行くのかな……と思っていた時期もあったんですけど、今は通常級でも大丈夫と思っています」

私は納得して大きくうなずきました。小学校に上がれば、療育はいったん卒業になります。お母さんが希望すれば、放課後等《とう》デイサービス（放課後デイ）というものを利用することができます。今のところ、放課後デイを使うかどうかは夫婦でまだ話し合っていないそうです。

それでいいのではないでしょうか。カッ君が小学生になってから、ゆっくり考えればいいことでしょう。言葉が出ず、多動だったカッ君も小学校入学を控えて、ほとんど普通の会話が可能になり、椅子にも座っていられるようになりました。発達が上手ではない部分も少しあるようですが、それくらいは個人差のように見えます。これなら、ご両親は安心してカッ君を小学校に送り出せるでしょう。

今から振り返って見ると、カッ君には発達障害の特性が間違いなくあったと思いますし、今も残っています。しかしそれは自閉スペクトラム症と診断名を確定させるレベルではありません。発達障害の診断はこのくらい微妙で難しいのです。いえ、診断は急いで付ける必要はありません。子どもの成長にかかりつけ医が伴走し、小学校に上がるくらいまでにゆっくりと診断を決めていけばいいのです。

ご両親がカッ君の特性をよく分かった上で小学校生活を送らせてやれば、あんがいうまく行きそうです。私も、もう少しお手伝いをしようと思いました。

2章　発達障害とは何だろう？

「発達障害」は、三つの疾患から成り立っています

どうしても最初のほうに医学的な概論を入れないとならないので、この章は少し難しくなってしまいます。ですから、読んでいて「つまらないな」と思ったら、最初は飛ばして読んでしまって、後から戻ってくださっても大丈夫です。

発達障害とは何かということを説明するのは、実はかなり難しいことです。この発達という言葉は、「子どもの成長」みたいな意味ではありません。子どもが胎児のときに、脳の神経細胞が発生・発達・成長することに異常があることを指します。したがって発達障

害は先天性の脳の疾患であり、育児の仕方などで発症するわけではありません。

しかしながら、発達障害はすべて遺伝子の異常にだけ原因が求められるものでもありません。なぜならば、一卵性双生児と二卵性双生児を比較した研究から、自閉症や注意欠如多動性障害は、80%が遺伝子で決まり、20%が環境で決まると分かっているからです（『日本人の9割が知らない遺伝の真実』安藤寿康、SB新書、2016年）。大部分は遺伝子の異常によって生まれながらにして発達障害を持ちますが、子どもを取り巻く環境も何かの関与があるようです。

では、発達障害とは具体的にどういう状態を指すのでしょうか。この疑問に対しては、具体的な病名を挙げて説明してしまった方が理解が早いでしょう。簡潔に言えば、発達障害は三つの疾患から成り立っています。

1　自閉スペクトラム症（自閉症スペクトラム障害とも言います）
2　注意欠如多動性障害（ADHDという略語の方が有名かもしれません）
3　限局性学習症（教育分野では、学習障害＝LDと呼ばれる）

これらの三つの疾患は基本的に生まれたときから存在しています。しかしながら、発達

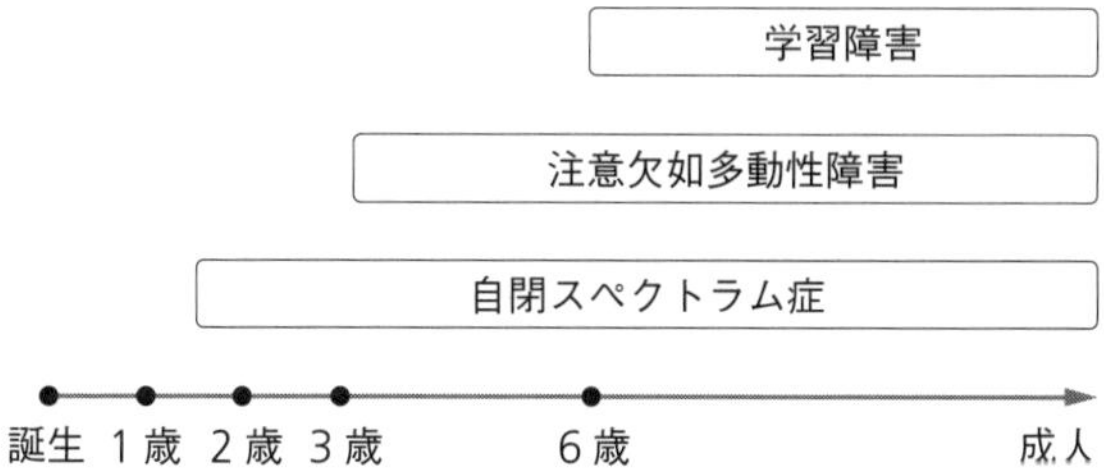

障害という疾患がほかの先天性疾患と大きく異なる点は、社会との接点で異常が見えてくるというところにあります。

図には、三つの疾患の発症年齢を書いています。これは、「その年齢になって病気になる」という意味ではありません。「その年齢になって病気が見えるかたちになる」ということを表しています。

自閉スペクトラム症は、親との双方向のコミュニケーションが始まる1歳半くらいで異常が明らかになっていきます。

注意欠如多動性障害は、幼稚園や保育園に行くようになる3歳頃から異常が明らかになっていきます。

学習障害は、小学校の授業が行われるようになる6歳頃から異常が明らかになっていきます。これらは、あくまでも「早くても」という目安です。

発達障害に対しては前章で見たように療育が行われたり、注意欠如多動性障害に対して薬物療法が行われることがありますが、発達障害という特性は大人になるまで持ち越されることになります。つまり完治して発達障害が消えるということは残念ながらほとんど期待できません。問題は、発達障害の子をどうやって社会に適応させていくかということにあります。そしてそれは可能なことでもあります。

「自閉傾向」とは何でしょうか

ここで、自閉スペクトラム症という言葉と、自閉症という言葉がどう違うかについて説明しておきます。

アメリカ精神医学会の「精神疾患の診断・統計マニュアル」に基づいて説明すると、自閉スペクトラム症は次の二つに集約できます。

- 複数の状況で社会的コミュニケーションや対人的相互反応の持続的な欠陥がある
- 行動、興味、または活動の限定された反復的な様式がある

もう少し分かりやすく説明しましょう。1歳半から2歳くらいの子どもにとって社会性とは何を意味するのでしょうか。それは公園でお友だちと遊ぶとか、保育園で集団に交わ

って一緒にお遊戯をしたり歌を唄ったりすることです。こうした社会性に障害があり、お友だちよりも、遊具や絵本といったモノに興味や関心が強い場合、社会的コミュニケーションに障害があると考えられます。

対人的相互反応とは、子どもと保護者の間でコミュニケーションが成立しているかどうかです。人は言葉や、身振り・顔の表情で相手との間で意思の疎通をはかります。1歳半では多くの子ども（全員ではない）が意味のある言葉を発します。その言葉を使って親との間で意思を伝えます。言葉が出ないのは、自閉傾向の特徴であると同時に、知的障害の可能性を示唆します。

確かに知的障害があると言葉は出ません。しかしながら、言葉が出ないことと知的障害はイコールではありません。1歳6カ月児健診の段階で言葉が出なくても、その後にスラスラと話し出す子もいます。

対人的相互反応について話を続けます。1歳半の子どもは自分の知っていることや欲しいものを指さしして親に伝えます。また、親が子どもを見つめれば、子どもは見つめ返してきます。目で何かを親に尋ねたり、表情で何かを訴えたりします。それに対して親は子どもに言葉を返したり、態度でなにかを示すでしょう。こうしたことが対人的相互反応です。

みなさんはアスペルガー症候群という言葉を聞いたことがあると思います。この疾患名は世界保健機関（ＷＨＯ）が使っている言葉です。また、高機能自閉症という言葉もあります。アスペルガー症候群と高機能自閉症の区別は大変難しいとされています。両者ともに、知的障害がないことは共通ですが、言葉の遅れがある場合には、高機能自閉症という疾患名を使っています。

アスペルガー症候群の人は、ＫＹ（＝空気読めない）だと、読者の皆さんは聞いたことがあるかもしれません。正確には空気が読めないと言うよりも、相手の気持ちが読めないために、滑らかな言葉のキャッチボールができないのです。そして場の空気を壊すような発言をしたり、相手の心を傷つけるようなことを言ってしまうのがアスペルガー症候群の特徴です。くり返しになりますが、アスペルガー症候群には知的障害はありません。

二つ目の、限定された反復的な行動、興味、活動というのは、強固なこだわりと言ってもいいでしょう。一つのことに強く執着し、延々と同じことをくり返します。たとえば、数字に執着するとか、難しい漢字に執着するとか、特定のマークやデザインに執着するとか、ミニカーを走らせるのではなく何台もずらりと並べて延々と眺めているなどです。また同じ動作を延々とくり返す子もいます。ピョンピョン跳ねたり、手をヒラヒラ振ったり

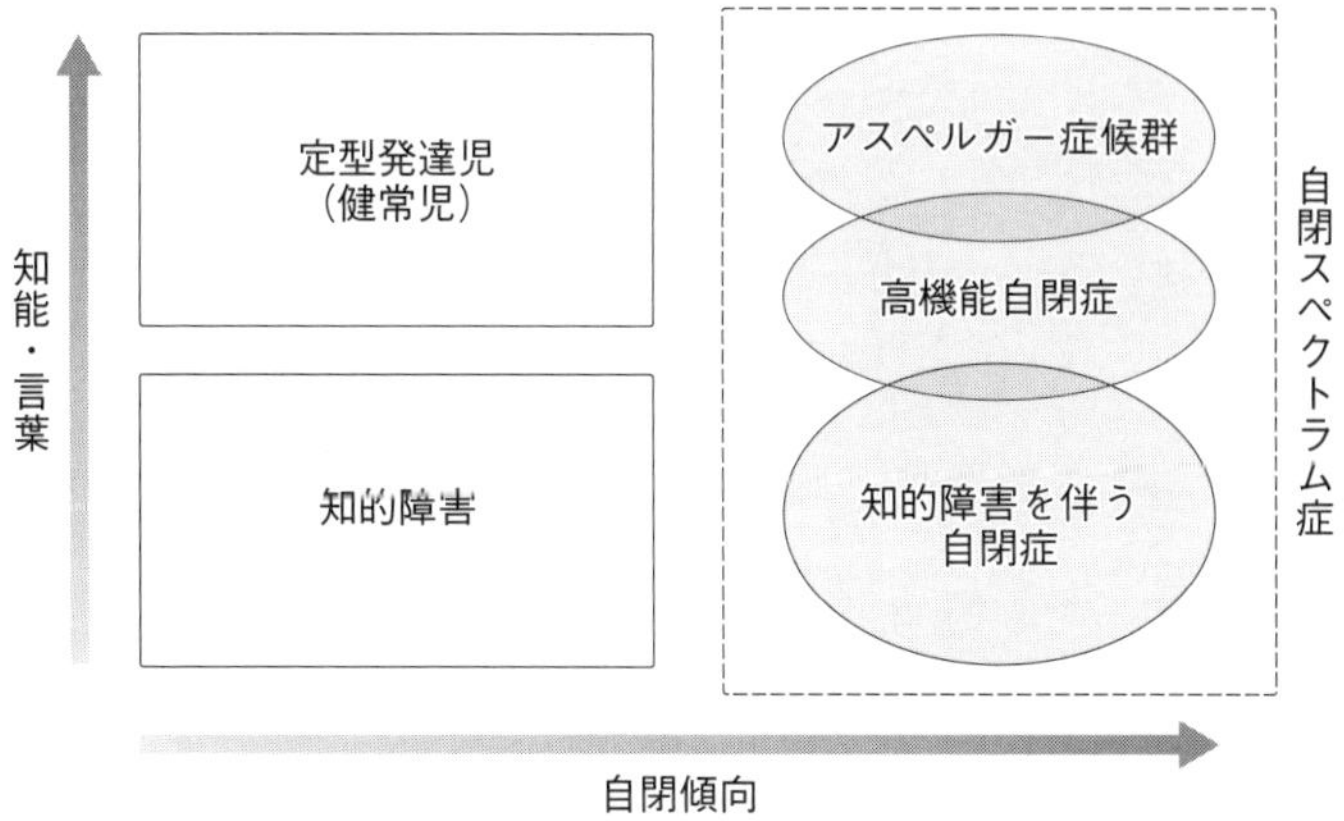

自閉スペクトラム症の概念

です。

こうした執着を持つ子は、知的障害を伴う子にもアスペルガー症候群の子にも見られます。そしてこのような執着は時として、驚異的な記憶力を伴うことがあります。図鑑などに強く執着し、丸ごと1冊の内容を暗記したりしてしまう子もいます。こうした子は、就学前とか小学校低学年では、その豊富な知識から人気者になったりして、アスペルガー症候群であることの発見が遅れるケースもあります。

では最後にスペクトラムという言葉について説明しておきます。以前のアメリカ精神医学会の疾病分類では、典型的な「自閉症」や「アスペルガー症候群」や「特定不能の広汎性発達障害」などが別々のものに分かれていました。典型的な自閉症とは言葉が出ず、しばしば知的障害を伴うものです。現在の病気の捉え方は、こうした疾患に明確な区分を付けず、病像の種類や重症度が虹の色のように連続体を作っていると考えます。障害のきざしも、自閉症状の重症度、発達段階、年齢によって変化しますので、スペクトラムという言葉が使われます。

「注意欠如多動性障害」「学習障害」とは何でしょうか

次に、注意欠如多動性障害（Attention Deficit Hyperactivity Disorder ＝ＡＤＨＤ）について簡単に説明します。

主な症状は以下の三つです。

- 不注意（集中力がない／忘れ物が多い／飽きっぽい／物をなくす）
- 多動性（席に座っていられず立ち歩く／じっとできない／貧乏揺すり／手足を常にいじっている）
- 衝動性（人の話を最後まで聞かずに喋り出す／順番を待てない／思いつきで行動する）

これらの症状のうち、根本にあるのは「不注意」で、その結果として、「多動性」と「衝動性」が起きていると考えられています。

学習障害（Learning Disabilities＝ＬＤ）は、知能全般は正常であるにもかかわらず、「読む」「書く」「聞く」「話す」「計算する」「推論する」ことの習得や使用に障害がある状態を言います。まったく普通に会話できるのに、教科書を音読できなかったり、文字を書けなかったりします。一桁の足し算ができなかったり、地図を見てもその意味が分からなかったりします。読み書きに困難がある場合を「ディスレクシア」と呼びます。

学習障害の子どもは必ずしも医療機関にかかっていません。教育分野での障害と言えます。医学的統計がないため、患者の正確な数は分かりません。しかし教育関係者から、学習障害の子は注意欠如多動性障害の子と同じかそれ以上に多いという意見を筆者はもらったことがあります。

実際、２０１２年に文部科学省の調査でも、学習障害の可能性のある子は４・５％、注意欠如多動性障害とみられる子は３・１％、知的障害のない自閉スペクトラム症と判断されたのは１・１％とされています。

ただここで大事な点を指摘しておきますと、発達障害の三つの疾患はそれぞれ独立した

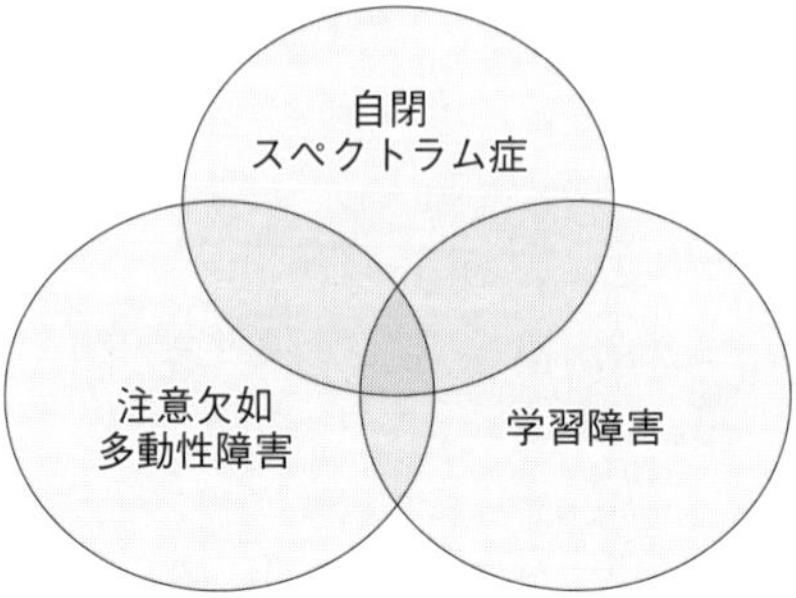

ものではなく、二重三重に合併することがあるという点です（ただし、学習障害には知的障害は伴わない）。

図に示したように、これら三つの障害は重なり合っています。こうした図は、発達障害を解説した本にはどれにでも必ず載っています。しかし私には個人的にこうした概念図に少し疑問があります。

先日、遠方からうちのクリニックを受診しにやってきた4歳のアキ君は地元で知的障害を伴う自閉症の診断をすでに受けていました。両親が私のところに来た理由は、アキ君をどうやって教育・しつけをしたらいいか分からないというものでした。また、これまで小児科で診てもらっており、児童精神科を受診したことがなかったので、児童精神科医を紹介して欲しいとも言っていました。

確かにアキ君は大変な多動で、正確に言えば一瞬たりとも動きを止めないという感じでした。椅子に座らないことはもちろん、診察室の中を走り回り、私の電子カルテのキーボードを乱打し続けるという状態です。私はやんわりとアキ君の腕を抑えるのですが、アキ君はそれを振り払って乱打を続けます。

言葉を喋るということはできませんし、こちらの言っていることも理解していないようすでした。家庭では食事の時間になると、食卓がめちゃくちゃになるそうです。

私はこういう患者を何人も診た経験があります。診断は自閉スペクトラム症で間違いありませんが、この多動性と衝動性を考え合わせれば、アキ君には注意欠如多動性障害もありそうです。いや、自閉スペクトラム症と注意欠如多動性障害の二つがあると言うよりも、「知的障害を伴う発達障害」という疾患であって、「自閉傾向」と「多動・衝動性」があると言った方が正確なのではないかと私には思えます。

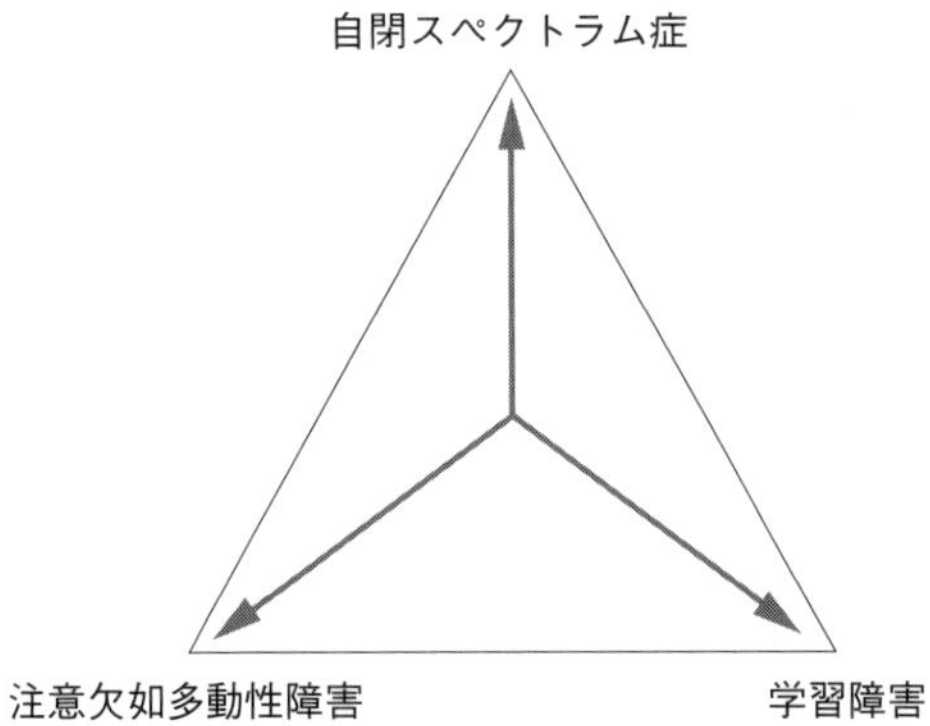

41ページの図に書いたように、もしかしたら発達障害の中には3種類の疾患があると言うより、三つの要素をそれぞれ併せ持っていると言った方がいいのかもしれません。発達障害が起こる仕組みが今後、分子レベルでさらに解明されていけば、三つの要素の中核をなすものが存在するのかどうか、さらに明確になっていくものと思われます。

グレーゾーンとは何でしょうか

最後にグレーゾーンという言葉について触れておきます。グレーゾーンというのは正式な医学用語ではありませんので、明確な定義はありません。しかし、保護者たちの間で使われることがあります。

自閉スペクトラム症には知的発達の遅れや自閉傾向の強さに幅があると言いましたが、発達障害を全体として捉えた場合にも、幅があります。注意欠如多動性障害にもとても軽い子もいますし、学習障害にしても同様です。どこまでが発達障害でどこからが健常児なのか、クリアな線引きは大変難しいということになります。そうすると、その中間にいる子どもたちはグレーゾーンということになります。そしてそのグレーにも濃いものから薄いものまで幅があるということになります。

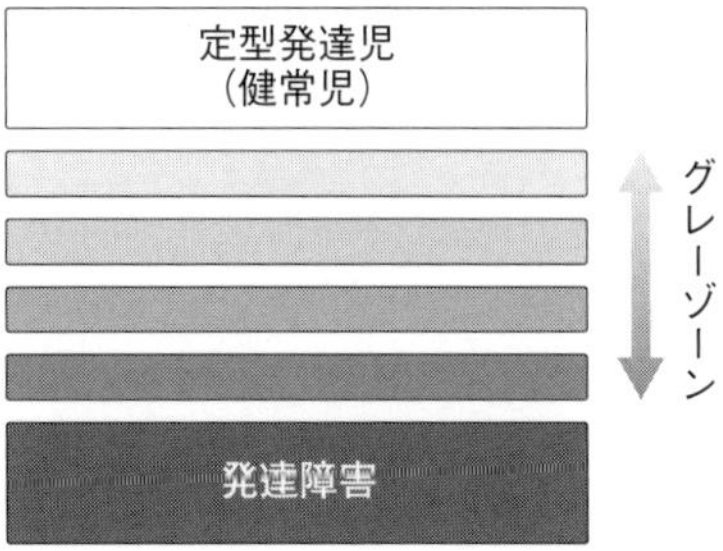

グレーゾーンの子どもたちは医療機関にかかっていないこども多く、適切な診断を受けていない子も多数いると推定されます。病気というものは、軽ければ軽いほどきちんとした診断がつかないものです。気管支喘息でもアトピー性皮膚炎でも、「気管支が弱いですね」とか、「皮膚が乾燥傾向で弱いですね」と言われて、悪化したときだけに治療を受けるケースは稀ではありません。

図に示したグレーゾーンの子どもはいったいどれくらいいるのか、医学的な推定値もありません。ただ、社会との接点で困難を抱えているのであれば、グレーゾーンでも診断のついた発達障害の子でも、そのつらさには変わりはありません。今後、この領域への医学的なアプローチが必要になっていくのではないでしょうか。

3章　育てにくいリカちゃん

「家から出て行ってしまうんです」

リカちゃんは生後2カ月で私のクリニックにやってきました。予防接種を打つためです。お母さんは恐る恐るという感じでリカちゃんを抱っこしています。私は生後2カ月でワクチンを打ちにくる子に対して、必ず「お誕生、おめでとうございます」と声をかけます。このときもそうしました。

3本のワクチンを同時接種してリカちゃんは大泣きでした。これもいつもの光景です。こうして私とリカちゃんとの付きあいが始まりました。

1歳になるまでリカちゃんは、5回予防接種を打ちにきました。そしてちょうど1歳の誕生日には、麻疹風疹混合ワクチンなど、合計5本のワクチンを同時に接種しました。そしてこの間、2回の乳児健診を行いましたが、リカちゃんは身長・体重ともに順調に増え、首の据わり、座位、寝返り、ハイハイ、つかまり立ちと順調に発育していきました。

1歳8カ月で、1歳6カ月児健診を行いました。私から見て特に異常はなく、お母さんも特に心配事はないと言います。うちのクリニックを受診する前に済ませてきた集団健診の結果の書類にも、特に医師に対して「連絡事項なし」となっていました。

その後、何度かリカちゃんは風邪を引いて私のクリニックを受診しましたが、大きな病気をすることもなく、私から見てリカちゃんは普通の子どもでした。

3歳2カ月のリカちゃんが風邪を引いてクリニックにやってきました。手早く診察を済ませると、私はお母さんに声をかけました。

「風邪としては普通ですね。熱もないし、家でおとなしくしていれば治るでしょう」

そう言って、私はリカちゃんが何となく、おとなしくないことに気づきました。多動と言えば言い過ぎですが、椅子に座っていてもソワソワとして、視線も安定しません。モゾモゾ手を動かしているようにも見えます。

「お母さん、リカちゃんを育てていて、何か困っていることはありませんか?」

するとお母さんは困惑した表情になりました。

「3歳ってこんなものなのかもしれませんが、何となくうまく育てられないんです」

「え、具体的には？　言うことを聞いてくれないとか？」

「かんしゃくを起こすとか、ダダをこねるとか、そういうのじゃないんですが、私の言うことがうまく伝わらないと言うか」

「それはどんな場面で感じるんですか？」

「一番は食事です。自分で食べないんです。あーって口を開けて催促するだけで、自分から手を動かさないんです」

「そうですか」

私は考え込んでしまいました。ちょっとどうやって返事をしようかと思っていると、お母さんが言葉を継ぎました。

「それから、この子、出て行ってしまうんです」

「出て行く？」

「黙って家から外へ出て行ってしまうんです」

「それは危ないですね。歩道を一緒に歩くときはどうですか？」

「それが……この子、私と手をつなぐのを嫌がるんです」

そこで私はいくつか質問することにしました。

「お母さんと普通に会話していますよね？　2語文は出ますね？」

「はい、大丈夫です」

「3語文も話しますか？　つまり、パパ・会社・行った、みたいに」

一瞬詰まってから、お母さんは返事をしました。

「……大丈夫です」

「ほかのお友だちに関心や興味はありますか？　一緒に遊べます？」

「それも大丈夫です」

「何か特定の物や行動にこだわったりしますか？」

「そういうものはありません」

「おままごとみたいな遊びはできますか？」

「あ、それは好きでよくやっています」

「想像する力がある証拠ですね。もう少しで3歳児健診がありますから、そのときにまたお話を聞かせてください。それまで親子でよく遊んでください」

しかし2週間もすると、お母さんはリカちゃんを連れてクリニックにやってきました。

問診票を見ると、風邪の欄にはチェックがなく、その他のところに「発達について」と書いてあります。診察室に入ってもらうと早速尋ねてみました。

「お母さん、やはり心配ですか?」

「ええ、先生に言われてみると、だんだん不安になってきて。言葉も3語出ると言いましたが、3語話すことはめったにないんです。発達が遅れているのでしょうか?」

「発達障害と言うには少し早い気がします。リカちゃんには発達が上手ではない部分が少しあるのでしょう。専門医は千葉市療育センターという所にいるのですが、そこを受診する前に、まず、療育を始めてみてリカちゃんの伸びを見たらどうでしょうか」

そこで私は療育とは何かを簡単に説明しました。

「先生、それ、やってみます」

「分かりました。では、意見書を書きますので、まず療育を受けましょう。3歳半になると、3歳児健診でうちにまた来ることになりますから、そのときに、療育でどう変わったか教えてください」

私は電子カルテの意見書のページを開くと、『言語の発達の遅れの疑い　療育が必要と考えます』と書きました。

「それではこの書類を持って保健センターに行ってください」

「発達障害のための問診票」を書いてもらう

それからしばらく経つと、3歳児健診のためにリカちゃんとお母さんがやってきました。身長、体重、頭囲を測定し、私の診察室へ入ってもらいました。

私はリカちゃんに問いかけました。

「お名前は?」

「……」

「何歳?」

「……」

共に返事はありませんでした。

「お母さん、療育はどうですか? リカちゃん、嫌がらずに行っていますか?」

「はい。それは大丈夫です。週に4回。1回に4時間です」

「行き始めたばかりだから、まだ変化はありませんね?」

「ええ、そうなんですが、私、焦ってしまって」

「不安があればいつでも受診してください。焦る気持ちは分かりますが、焦っても解決になりませんよ。ゆっくり伸びていけばいいんです」

「私は、リカに知能検査を受けさせようか考えているんです」

「……知能検査は明らかに知的障害があって、療育手帳を申請するときに行う検査です。千葉市療育センターでふだん行っているのは、発達指数と言って、何歳相当の発達があるかを調べる心理検査なんです」

「そうなんですね。分かりました。少し考えてみます」

お母さんが再びクリニックを受診したのは、それから、1カ月後でした。問診票にはやはり「発達障害について」と書かれていました。リカちゃんは3歳10カ月になっていました。

「お母さん、その後どうですか？」

「言葉は少しはっきりしてきたようなんですが、動き回るんです。先生が前に言っていた療育センターで検査を受けてみたいんです」

「そうですか。分かりました。では、『発達障害のための問診票』というかなり細かい質問がありますから、お母さん、待合室でこの質問に対する答えをすべて記入してくださ い」

私は、A4の紙4枚から成る問診票を渡しました。この問診票では、生育歴、家族の構成や健康状態、育ちの環境、普段のリカちゃんの振る舞い・性格・くせ、保護者が何に困っているか、それにどう対応しているか、両親の間で意見は一致しているか、そういうことを聞いていきます。これはもう一度リカちゃんの問題点を浮かび上がらせる意味と、療育センターに紹介状を書くときに、これをそのまま診療情報として伝える意味もあります。

10分ほどしてから、もう一度、お母さんとリカちゃんを診察室に招き入れました。問診票を見ていくと、リカちゃんには三つの問題点があることが分かりました。

まずはやはり言葉の遅れです。3歳10カ月のリカちゃんは、3語の言葉が言えるか言えないかの状態です。そして多動です。落ち着きのなさは、最初に私が発達障害を疑ったときよりもはっきりとみえるようになっていました。そして三つ目は、食事です。新しい調理や新しい素材を見ると、頑なに食べることを拒むのです。その拒み方があまりにも強いとお母さんは思っていました。

私は千葉市療育センターに紹介状を書きました。そしてお母さんに回答してもらった問診票をコピーして添えました。

「自閉スペクトラム症の疑い」

それから3カ月が経った頃、お母さんはリカちゃんを連れてやってきました。

「お母さん、療育センターはどうでしたか?」

「それが……」

予約して受診するまでに2カ月もかかったのに、当日、リカちゃんは診察室に入ることを拒否して大泣きだったそうです。このときは医師の診察は後回しにして、3カ月後に心理検査の予約を入れたそうです。

リカちゃんが4歳を過ぎた頃、療育センターから手紙が届きました。診療情報提供書の疾患名には「自閉スペクトラム症の疑い」と書かれていました。やはり言葉の遅れと食事に対するこだわりが問題のようでした。また医師の問いかけに対してオウム返しで答える場面も目立ったそうです。「療育センターでもフォローしていきますが、松永先生が始めてくれた療育を継続してください」と書かれていました。

そして心理検査報告書が添付されていました。新版K式発達検査2001という検査法です。

リカちゃんの生活年齢(実際の年齢)は4歳3カ月です。それに対して、

姿勢・運動

認知・適応

言語・社会
を評価します。その結果が一覧になって書かれていました。

姿勢・運動は、歩く様子や階段の上り方、ケンケンができるかを観察します。リカちゃんはすべて問題なくクリアしていました。

認知・適応は、積み木を使って手本と同じ積み上げ方ができるかを見たり、クレヨンを使って線や丸や十字を描かせたりする検査です。

言語・社会は、簡単な会話をしたり、色の名称を言ってもらったり、数をかぞえてもらう検査です。

リカちゃんは、認知・適応と言語・社会に遅れがあり、三つの領域を併せて評価すると、3歳1カ月くらいの発達にありました。発達指数は72と判定されました（100が年齢相当）。

くり返しになりますが、発達指数は知能指数とは異なります。療育を進めてリカちゃんの発達が伸びていけば、発達指数も上がっていきます。一方、知能指数は少し異なります。子どもの場合、検査を上手に受けることができないため知能検査はくり返すと、確かに値は変動します。また、表現力や言葉の力が上がっていけば、知能指数も上昇します。しかし、知的障害を持つ子がある程度年齢が上がってしまうと、そこから知能指数が伸びて正常になるということはありません。

また、療育センターからのリポートには、今後のリカちゃんとの関わり方が書かれていました。

- リカちゃんは大人の指示よりも自分のペースを優先して行動してしまう。集中することは苦手で、自分の思いついたことをやろうとする。
- 言葉だけでリカちゃんに伝えるのは難しいため、○や×のマークを使ったり、絵で説明したり、写真を活用した方がいい。抽象的なことは理解が苦手なので、実際のモノを見せたり、保護者が手本を示すのがいい。
- それでもうまくいかないときは、「○○しちゃダメ」と言うよりも、「○○をしようね」と導いていくのがいい。
- あらかじめ、「○○しようね」とか「○○を約束しよう」と言葉をかけておき、うまくできたときは必ず褒めるようにする。

私は療育センターからの診療情報提供書を熟読し、次回の外来でお母さんと少し話してみようと思いました。それから3カ月後、私は診察室でリカちゃんとお母さんを迎えていました。

「どうですか？　療育センターに行って、いいことがありましたか？」

「自閉症だというのは私も行く前から分かっていました。でも最終的にそう診断されると、ああ、やっぱりそうなんだなって。でも、療育センターの先生がとても優しくて気を使ってくれました。診断名を断定するのは、『ぼくはいいとは思わない』と言ってくれました」

「心理検査も受けることができましたね」

「ええ、でも予想通り、全然検査に集中できなくて、やはりリカは発達に問題があるというのがよく分かりました」

「でも、これからの方針も定まりましたね」

「そうなんです。今やっている療育でいいと言われて安心しました。療育センターでもフォローしてくれるそうですし、何か疑問に思うことがあれば、松永先生の所に来ればいいと思えるので、少し気が楽になりました」

「まあ、焦らずに……でも諦めずに、がんばりましょう」

私はお母さんにそう声をかけて、自分自身もリカちゃんと一緒に頑張っていこうと思いました。

4章　ABAで褒めて伸ばしましょう

まねさせて、成功させてあげましょう

発達を促し、自立して生活できるように援助する取り組みを療育と言うと、前述しました。具体的にはどういう方法があるのでしょうか。それは一つではありません。いくつもの方法があります。この章では、ABAという療育についてごく簡単に説明してみたいと思います。

「はじめに」にも書きましたが、私は本を書いて、2019年日本医学ジャーナリスト協会賞の大賞という大変名誉な賞を頂きました。授賞式ではカメラのフラッシュがたかれて、多くのメディアの方から賛辞を頂きました。褒められると人はうれしいものです。私は今

後も本を書き続けようと意を強くしたものです。

こうした心の動きは大人も子どもも同じです。そして発達障害の子どもでも同じです。発達障害のある子のいい点を強化したり、できないことをできるように手助けして強化するのが、ＡＢＡ（Applied Behavior Analysis＝応用行動分析）です。

ＡＢＡの骨子は次の三つです。

- 褒めて伸ばす（強化）
- 手助けして成功体験をさせる（プロンプト）
- どんな状況でも正しい行動がとれるようにする（般化）

では、まず2歳の子どもを想定してみましょう。この子は言葉が出ずに、多動であると仮定します。

多動なので、椅子に座ることができません。椅子に座ることができなければ療育が始まりません。すると最初にやることは座らせるということです。子どもに対しては、大きな声、短い文章で分かりやすく言葉をかけます（怒鳴ったり、叱ったりするのではない）。

「座って！」

すると子どもは座らないで動き回っているでしょう。こういうときは、大人が子どもの手を優しく取って椅子に誘導します。そして座った瞬間にすかさずメッチャ褒めます。

「座ったね～！　えらい、えらい！」

褒める方法には言葉以外のものもあります。たとえば、ひとかけらのおやつを食べさせる、ジュースを一口飲ませる、光るおもちゃのスイッチを押させる、ノートにシールを貼ってあげる。

座ることができたら、「まねして！」と大きな声を出し、両手をあげます。あるいは頭に手をやります。または、腕を水平に伸ばします。子どもがまねをできたら、そこでまた盛大に褒めるのです。これが強化です。もし、子どもがまねできなければ、大人が手を添えて手伝います。成功させてやるのです。

言葉が出ない子には、はっきりと口を開けて「あ！」と言います。そして「まねして！」と言います。こういう手順で、子どもに発声させます。「あ」から「お」まで母音をはっきりと発声させ、いろいろな口の形もまねさせます。

しかし最初から、まねもできて、言葉も出る子はいないでしょう。10分も15分も座っていられる子もいないでしょう。しかしこうしたまねをさせることを根気よく続けていくのです。言葉が一語出るようになったら、次は単語をまねさせます。

「まま」「まんま」「ぱぱ」「てって」「はな」

幼児言葉は使いたくないという保護者の方もいるでしょう。しかしそんなことにこだわる必要はありません。発語しやすい単語をどんどんまねさせていきます。

大人は指さししながら、ものや部位には名前があることを教えていきます。子どもが単語を言えるようになったら、対話に誘導します。

大人が「あめ（飴）」と言って、飴を差し出します。子どもが「あめ」と答えたら、「はい、どうぞ」と言って飴を与えます。当然、同時に盛大に褒めます。こうすることで、子どもは大人と対話をすると、いいことがあると知ります。

単語の数が増えてきたら、子どもに質問します。たとえば、チョコレートを示して「これ、なに？」。子どもが「チョコ」と答えたら、褒美としてチョコレートを食べさせます。

子どもが自分から要求できるようにしてあげましょう

次のステップは、子どもが自分から要求できるようにすることです。それには、指さしを教える必要があります。発達障害の子は、指さしをして自分の要求や興味を大人に伝えることがなかなかできません。指さしをするという動作から教えます。子どもにグーを作らせて、そこから人差し指を伸ばしてやります。プロンプトですね。指さしのポーズができたら、またここでも盛大に褒めます。

そして子どもの目の前に二つのものを置きます。飴とチョコレートでいいでしょう。そして子どもに指さしのポーズを取らせ、腕を支えて「これ、と、これ」と声かけをして、飴とチョコレートを指さしさせます。

こうして指さすという動作を覚えさせます。大人が飴とチョコレートを指さして「これ、これ」と発声します。そして「まねして」と声かけをします。子どもがまねをして飴とチョコレートを指さしできれば大きな進歩です。

次のステップとして、飴とチョコレートを子どもの目の前に並べて「どっち?」と聞きます。子どもが指さした方を褒美として与えます。すると子どもは、指さしすれば欲しいものがもらえると理解します。さらに、指さししたときに、大人は「これ、なに?」と名称を言わせます。すると、子どもは「あめ」と言いながら指さしをするようになります。

もし、子どもが指さしするだけで言葉が出てこないようだったら、「あ……あ……あ……」と大人は発語を促します。これもプロンプトです。

子どもの要求が上手になれば、飴を与えるときに、「欲しいの?」と聞くようにします。すると、子どもは「欲しい」という概念を身に付けます。こうなれば、「あめ、ほしい」

という2語文までもう一息になります。

次は、飴とチョコレートとクッキーを並べます。大人は「あめ、とって」「あめ、ちょうだい」と声をかけ、子どもの手を取って飴に手を伸ばします。これをくり返して上達させ、「あめ、ちょうだい」という指示で、子どもが飴のところまで行って、飴をとって帰ってくることができたら成功です。

こうした基本を身に付けたら、その次は応用です。遊具を使った簡単な遊びをやってみます。また、生活の中の動作を促していきます。たとえば、ボールを転がすという遊び、簡単なパズル、同じ絵を合わせる遊びなどをやってみます。生活動作として、おもちゃをおもちゃ箱にしまうなどの行動、衣服を着るという動作、帽子を被るという動作などをやってみます。

完全に身に付けた動作に対しては、強化とプロンプトを徐々に減らし、自分一人でできるように持っていきます。また、ボール転がしも、ある特定のボールだけでなく、どんなボールでも転がせるように練習していきます。これは療育をする特定の人とだけ発語や動作ができるという状況から、どんな環境でもできるようにスキルを広げていくためです。これが般化です。

「欲しい！　欲しい！」と大騒ぎ

次に4～5歳で言葉が出るけれども、行動に問題のある子について説明します。

ポケモン好きの子どもが、ショッピングセンターをお母さんと歩いていると、ポケモンセンターが目に付きます。そこには大好きなポケモンのぬいぐるみが並んでいます。子どもは「欲しい！　欲しい！」と大騒ぎになります。お母さんは、「この間、怪獣のおもちゃを買ったばかりでしょ！　ダメです！」と言います。子どもはさらに「欲しい！　欲しい！」を連発し、通路に寝転んで手足をバタバタさせます。お母さんはすっかり困ってしまい、ポケモンのぬいぐるみを買ってやります。

ABAではこうした行動の背景と、行動に至る経緯を考えます。次の三つのステップが考えられます。

- 刺激やきっかけ（Antecedent）＝ポケモンのぬいぐるみが欲しい
- 行動（Behavior）＝ダダをこねる
- その結果（Consequence）＝ぬいぐるみをゲットできた！

上記の三つの頭文字を取ってABC分析と言います。

このパターンでは、子どもはダダをこねればぬいぐるみが手に入るということを学習したことになります。つまり泣き叫んで手足をバタバタするという行動が強化されたわけです。もちろん、これはいい強化ではありません。では、どのように対応すればいいのでしょうか?

答えは無視です。通路に寝転んで手足をバタバタさせているわが子に対して、お母さんは、無視するのが正しい対応です。通路を通る人たちがジロジロ見るので、子どもを抱っこして脇の細い通路に移動させ、泣かせるがままにしておきます。

子どもは泣いても無駄だと学習します。こうしたお母さんの行動を消去と言います。そして、泣き止んだ子どもに対してお母さんはメッチャ褒めます。がまんするという子どもの行動を強化したわけです。「えらいね!　よくがまんしたね!　じゃあ、美味しいハンバーグを食べに行こう!」

ABC分析というのは少し抽象的で難しい考え方かもしれません。ですが、発達障害の子どもが不適切な行動を取ったときに、大人は感情的にならずにABC分析で今何が起こっており、この結果どうなりそうなのか、冷静に考えるときに役立ちます。

子どもが適切な行為をしたときに盛大に褒めるというのは、言葉の出ない2歳でも、言葉の出る5歳の子でも同様に強化として役立ちます。

一人でできなければ、手伝えばいいんです

発達障害の子どもには不得意な課題がいくつもあります。子どもが何かができなかったとき、親はついイライラして叱ってしまうかもしれません。しかしそれはまったく無意味です。いえ、無意味どころか子どもにストレスをかけて、事態がさらに複雑になり解決困難になるかもしれません。

子どもは何も好きこのんで、何かができないわけではありません。発達障害だからできないのです。親であってもそのことに決して腹を立ててはいけません。たとえば、子どもは後片付けができないかもしれません。食事で上手に箸を使えないかもしれません。幼稚園で列に割り込んで喧嘩になってしまうかもしれません。マス目に上手に平仮名を書くことができないかもしれません。

できなければ、親が手伝えばいいのです。後片付けができなければ、叱るのではなく、「一緒に片付けようね」と声かけをするのです。プロンプトです。発達障害の子は不器用ですから、箸が上手に使えないでしょう。ベビー用の指を通せるV字型の箸を使ってもい

いでしょう。これもプロンプトです。

幼稚園で列に割り込んでしまうのであれば、帰宅後に叱るのではなく、朝、家を出るときに「列にちゃんと並ぼうね」と声かけをしておくのです。こうすることによって子どもは成功体験を積み重ねていきます。そして、成功のたびに盛大に褒めてやれば、子どもには自信が増し、いい思いが強化されます。

マス目に上手に平仮名が書けないときは、どこに問題があるかを分析していきます。そもそも、マス目に収めるのが苦手なのか、平仮名の形がうまく描写できないのか、上から下へ真っ直ぐに書くのが苦手なのか、問題を整理します。そして苦手なことを一つひとつ練習していきます。一度にいきなりゴールを目指してはいけません。問題を細分化して対応するのです。これをスモールステップと言います。

ＡＢＡには強化・消去と並んで、罰という概念もあります。もちろん体罰ではありません。「列にちゃんと並ぼうね」と声かけをしたのに約束が守れず、お母さんが「今度は守ろうね」と前向きな言葉をかけたにもかかわらず、子どもが興奮状態になって暴れてしまうこともあるかもしれません。こういうときには、タイムアウトを使います。

子どもを正座させたり、ベランダに出したりしたら、それは体罰です。体罰は虐待です。決してやってはいけません。タイムアウトは、子どもを冷静にさせるために、別室に一人にしておくというものです。親と分離されて環境が変化することで、子どもは冷静になる可能性が高いでしょう。

子どもが落ち着いたことが確認できたら、そこでお母さんはメッチャ褒めてください。また、タイムアウトはお母さん自身がクールダウンすることにも役立ちます。なぜ子どもが大暴れになっているのか冷静になって振り返り、今度はどう対応しようかと考える時間が生まれます。タイムアウトも時間の目安は、（年齢×1分）です。5歳なら5分です。これ以上長くすると、子どもに苦痛を与えてしまいます。

私たちにとって、褒めるという行為を毎日続けるのはなかなか難しいのが実際のところです。そうであれば、せめて子どもの行為に対して否定的な言葉で声かけすることをやめるという習慣を日ごろから身に付けておけばいいでしょう。「○○しちゃダメ！」と叱るより、「××しよう！」と教えていくのがいいと思います。

子どもを混乱させない三つのメソッド

ABAは家庭でも行うことができます。では、療育施設だけに子どもをまかせるのではなく、自宅でもABAをやった方が、さらに効果があるのでしょうか？　確かにそうかもしれませんが、親が療育者になるためにはかなりの勉強が必要です。ABAを推奨する専門家は、週に20時間から40時間の療育が必要と主張しています。週に20時間と言えば、毎日3時間です。

発達障害児に対する早期発見・早期療育は医学界では通説になってはいるものの、どういう行動介入をどのくらいやれば有意に発達障害の改善につながるのか、まだデータが不足していると言わざるを得ません（ないわけではない）。科学研究には、同じ質の疾患・障害を二つのグループに分けて、介入の有無で結果がどうなったかを調べるというランダム化比較試験というものがあります。さらにそうした研究を複数集めて解析したものをメタ解析と言います。

イギリスにはコクラン共同計画というメタ解析を行う組織があります。コクランのレビューによれば、ABAなどの早期の集中的な行動介入は効果的である可能性があるがそのエビデンスは弱く、厳密な研究デザインを使用した追加の研究が今後必要であることも指摘されています。発達障害の子どもたちを、同じ障害の程度に揃えて2群にランダムに分けるというのは、科学的に非常に難しいと考えられますから、今後、良質な比較研究が進むかと言えば、それはかなり困難だというのが私の見方です。

一般の人は、個人の成功体験とか、〇〇人中〇〇人に改善したという話を聞くと、すぐにその方法が優れていると飛びつきたくなりますが、科学の世界では信頼性のない話です。発達障害に対する療育の効果の科学的分析というのは、ほかの医学分野に比べて、残念ながら極めて遅れています。たとえば、小児がんの患者発生数の調査とか、抗がん剤の有効性の臨床試験と比べるとかなりの差があります。

しかしながら、私の意見としては、保護者はABAについてよく知っておいた方がいいと思います。理由は二つあります。一つは、少なくともABAは子どもにいい面があることは間違いないということです（褒めて育てるのは育児の基本です）。もう一つは、両親の意見が揃っていることが大事だからです。両親のどちらかが、子どもを褒め、どちらかが子どもを叱っていたら、子どもは混乱します。だから、ABAを難しく考えないでください。大胆に整理するとABAの骨子は次の三つです。

- 褒めて育てる
- 成功体験をさせる
- 問題行動は叱るのではなく、やり過ごす

その一方で、やり過ぎにも注意が必要だと思います。子どもや保護者が疲弊するまでや

らなくてもいいと思います。家庭内がギスギスするまで療育をする必要はありません。また、民間の施設では極めて高額な療育もあると聞いたことがあります。経済的に無理をしてまで、行う必要はないでしょう。

また、療育が万能ではないことも事実です。一人残らず、重度の知的障害を伴う自閉症児が、知能が伸びて問題行動がなくなったということもありません。効果は個人差があります。ＡＢＡの原理をよく理解して、上手に使いこなすのが最善です。

5章　不器用なリオ君

「コップも持てないんです」

リオ君のお母さんから、発達に関して初めて相談を受けたのは、リオ君が1歳4カ月のときでした。その日、リオ君は発熱で受診したのですが、お母さんは「ちょっと質問していいですか」と声をかけてきました。

「先生、リオはまだ歩かないんです。手の使い方も何だか不器用で、少し発達が遅れているような気がするんです」

「そうですか？　言葉は出ますか？」

「はっきりした言葉は出ません」

私はリオ君を診察台に座らせてみました。両手を持って引き上げると、恐る恐るという感じで立ち上がります。私は両手を離してみました。2〜3秒立っていましたが、その後、すとんと腰を下ろします。

「お母さん、自分から手すりにつかまって立ち上がりますか？」

「ええ、それはできるんです」

「伝い歩きはします？」

「ええ、それも大丈夫なんです」

「独り立ちはできますが、はじめの一歩がでませんね。確かに1歳4カ月では歩いているお子さんが多いんですけど、ゆっくりの子もいます。もうすぐ、1歳6カ月児健診なので、そこでもう一度診察してみましょう」

「大丈夫でしょうか？　積み木も積んだりしないんです」

「そうですね……。まだ分からない部分がありますから、くり返し診させてください」

それから3カ月してお母さんはリオ君を連れて1歳6カ月児健診にやってきました。私は身長・体重の計測を終えると早速お母さんに聞いてみました。

「どうですか？　リオ君、歩きますか？」

「ええ、それが歩くようになったんです」

お母さんは明るい表情でした。

「両腕を上に上げて歩きますか？　それとも、下に下げて歩きますか？」

私は実際に動作をしながら質問しました。

「下に下げて、腕を振って歩きます」

「それはよかった」

「でも……言葉がはっきりしないんです」

「ママとか、マンマとか、パパとか、意味のある言葉が出ない？」

「そうなんです」

「積み木はどうですか？」

「積み木は手にするんですけど、それを積むということをしません。手先が不器用なのか……。コップも持てないんです」

「スプーンは？」

「あ、スプーンは大丈夫です。でも、ぎこちないんです。1歳半ってこんなものでしょうか？」

「うーん、何とも言えないですね。お母さんが言っていることを、リオ君、理解していますか？」

「はい。あれ、取ってとか言うと、その通りにしてくれるんです」

「コミュニケーションは取れているんですね。じゃあ、ゆっくり見ていきましょう。ちょっと言葉が気になるけど、2歳で2語文を話すのが標準です。それまでたくさん話しかけてくださいね。何か不安があったらいつでも受診してください」

それからしばらくリオ君は受診しませんでした。私もリオ君のことは強く印象に残っていたわけではありません。歩き始めや言葉が遅いとか、手先が不器用な子はそれほど珍しくないからです。予防接種のための受診はありましたが、そのときは時間を設けて言葉の相談をすることはしませんでした。

「ブロックを組み立てられないんです」

次にリオ君が言葉のことで受診したのは、およそ1年近く経った頃、つまりリオ君が3歳になる手前でした。その日、受診した理由は発熱を伴う気管支炎のためでした。しかし私は前回のカルテに目をやり、診察を終えるとすぐに尋ねてみました。

「どうですか、言葉は出るようになりましたか?」

「先生、それが言葉が出ないんです。遊びも上手じゃなくて、積み木とかブロックとか、すごく不器用なんです」

「お父さんやお母さんと意思の疎通は取れるんですよね？　ほかの2、3歳のお子さんに関心を向けますか？」

「ええ、児童館などに行くと一緒に遊んでいます。でも、ほかのお友だちは上手に遊具で遊ぶんですけど、リオは壊すだけでブロックを組み立てられないんです」

リオ君はお母さんの膝の上に座っておとなしくしています。多動には見えません。私と目も合います。私は療育について切り出そうかと一瞬考えましたが、まずは気管支炎を治すことが先決です。油断すると肺炎になってしまうかもしれません。

「3歳になったら改めて総合的に評価してみましょう。まずは気管支炎を治すようにします。強いゼーゼーも聞こえるし、喘息と風邪のこじれた状態が混じっているかもしれません」

リオ君は数日おきにクリニックに通ってきました。私は胸の音を聴き、リオ君にネブライザー吸入をしてもらいました。しだいに胸の音がきれいになり、投薬の種類も減っていきます。しばらくは喘息の予防薬も飲んでもらいましたが、それも徐々に切っていきました。状態が落ち着いた頃、リオ君は3歳になっていました。

今日もリオ君はお母さんの膝の上にきちんと座っています。

「その後、言葉は増えましたか?」

「それが、ダメなんです、喋ろうとしてはいるんですけど、はっきりしないんです。どうにか2語文が出るだけなんです。ただ、できることも増えてきて、たとえば、音楽に合わせて体を動かすとか、楽しそうにやるんです」

私はそこでもう一度、リオ君と両親の間、リオ君と友だちの間でコミュニケーションが成立しているか尋ねてみました。やはりそれはしっかりとできているということです。遊びについても聞いてみましたが、最近は積み木とかブロックには興味がないそうで、ミニカーを走らせて遊んでいるということです。何かにこだわりがないということも確認できました。

「先生、リオは4月から幼稚園に行くんです。このままで大丈夫でしょうか?」

「幼稚園に行くと社会性が試されますから、もし、発達に問題があれば、それが目立ってくるでしょう。確かにリオ君には発達が上手ではない部分がありそうです。だけど、できることもたくさんあります。幼稚園に通ってみて、リオ君がほかのお友だちとどう関わるか、そこを見極めましょう」

「分かりました」

「ところでご主人はどう言っていますか?」

「主人は、こんなの個性だって言っています。私が障害みたいな言葉を使うとすごく嫌がるんです」

「……幼稚園に入って3カ月様子を見ましょう。次回は7月に受診してください」

ところが、お母さんは4月の第2週にリオ君を連れてやってきました。胸がゼーゼーするからです。私は診察を終えた後で、リオ君の幼稚園の様子を聞いてみました。

「どうですか、新しい生活は？」

「ちゃんと椅子に座ってみんなと歌を唄っているようです」

「おお、それはいいですね」

「なんだか、リオはみんなの様子をじっと観察しているように見えます」

「なるほど。いろいろと思うところがあるのですね。じゃあ、出足順調ですね。7月になったら受診してくださいね。家と園での様子を詳しく聞きたいので」

診察室を出ていくお母さんとリオ君に向かって、私は立ち上がって、大きな声で「さようなら！」と挨拶しました。するとリオ君は笑顔で手を何度も振ります。お母さんは、「幼稚園に行ってバイバイが上手になりました」とうれしそうでした。

このままリオ君は伸びていくのではないかと私は直感しました。幼稚園で周囲から刺激をもらい、それが療育の代わりになっているように私には感じられました。そうであれば、専門施設や療育へ通う必要はないかもしれません。

「私の中では合格点です」

7月になりました。受診するリオ君を連れてきたお母さんに、私はA4の紙、4枚からなる細かな問診票を渡してすべて記入してもらいました。書き終えた書式を見ているうちに私はちょっと重い気持ちになってきました。

- 初めての部屋に入るとフリーズする
- 初めて会う人に対して泣き出す
- 幼稚園のイベントが変更になるとパニックになる
- 偏食が強い
- 園衣は着るが、帽子は付けようとしない

そしてやはり会話が増えてこないそうです。重度ではありませんが、軽症でもありません。リオ君は中くらいの発達の苦手さがあります。私はリオ君とお母さんに診察室に入っ

てもらい、自分の意見を述べました。お母さんはショックを受ける素振りは見せませんでした。ある意味、お母さんにはすでに分かっていたのです。リオ君の一番身近にいるのはお母さんですからそれは当然かもしれません。

「お母さん、幼稚園はリオ君にとっていい刺激になっていますから、幼稚園はそのまま続けて、その他に療育も始めてみませんか。千葉市療育センターにも一度行って専門の先生のコメントももらってください」

「はい、そうしてみます」

「ご主人はどう言っていますか？　療育センターに行くのは大丈夫ですか？」

「最初は納得していなかったんですけど、今は、ちゃんとした診断を付けるのが本人のためだと言っています」

私は書類を用意しました。リオ君のお母さんはちょっと忙しくなりますが、療育センターや保健センターに行ってもらわなければなりません。

秋になって千葉市療育センターから診療情報提供書が届きました。疾患名にはやはり中等度発達遅滞と書かれていました。指さしやボールの交換など、言葉を使わないコミュニケーションは上手だが、言葉によるコミュニケーションが不得手と書かれていました。

さらに数カ月経ち、季節は冬です。リオ君のお母さんから最初に相談を受けてから2年半が経っていました。じきにリオ君は4歳です。

「先生、リオはできることが増えてきたんです。積み木遊びとかブロック遊びとか、上手にやるんです。列に並ぶのも上手になって、前みたいに凸凹《でこぼこ》に並ばないんです。お友だちに遊具を渡したり、逆に貸してもらったり、一緒に仲良くやっています」

「そうですか。それはよかった。幼稚園の先生も理解がありそうですね」

「そうなんです。今日は何ができましたよって、すごく喜んでくれるんです。先生がすごく喜ぶので、私も喜んでしまうんです」

「療育をする施設は決めましたか？」

「まだなんです。今、いくつかの教室を見学中です」

「療育を始めるとさらに伸びると思いますよ。決まったら教えてくださいね」

「はい。次のイベントはお遊戯会なんです。うまくできるか、私、ドキドキです」

「できなくたっていいじゃないですか？　また次がありますから。いろいろな経験を積んで、いろいろなことを学んでいけばいいと思いますよ」

それからひと月ほどすると、お母さんが「鼻水が出るんです」と言ってリオ君をクリニックに連れてきました。胸はきれいなので心配は要りません。

「療育は決まりましたか？」

「ええ、先生、ありがとうございました。何カ所か見学をして、リオが自分から教室に入っていったので、その教室に決めました。週に1回から始めてみます」

「そうしてください。ところでお遊戯会はどうでした？」

「それが先生、幕が開いて、最初はしっかり立っていたんですけど、途中で袖の先生を見たら走り寄って行ってしまったんです。でも、泣かないでいられました。私の中では合格点です」

「いいじゃないですか。来年は年中さんですね。また新しい刺激をもらって、できることが増えるかもしれませんね」

「はい、家族でがんばっていきます」

リオ君は言葉のキャッチボールがまだ苦手です。しかしそんなことをお母さんの前で強調しても意味はありません。リオ君ができることを、私の外来の中で一つひとつ確認しながら一緒に喜んでいければいいなと思いました。

6章　自閉症児の文化を尊重するTEACCH《ティーチ》

自閉症児が持つ困難は「自閉症の文化」という考え方

ＴＥＡＣＣＨとは、アメリカ・ノースカロライナ州で始まった自閉症児とその家族を支援するプログラムです。その最大の特徴は、自閉症児が持つ多くの困難を、「自閉症の文化」として肯定的に捉えることにあります。

したがって、自閉症児を問題のある障害児と見るのではなく、世界の見方が一般の人とは異なる子どもたちと捉え直すのです。自閉症児を無理やり世間の常識に従わせるのではなく、周囲の人間が自閉症児の文化や世界観を理解し、この子らの持っている特性が世間に適応できるようにしていくことで、自閉症児の生活の質を高めようと考える狙いがあります。

TEACCHには、自閉症児を治すとか訓練するという発想はほとんどありません。そもそも自閉症児は劣った存在ではないからです。この子たちの文化を深く理解することで、私たちが自閉症児と上手に共生していくことを目指すのです。つまりTEACCHが目指すものは、自閉症者を「ハンディキャップのある存在」「特有の特徴を持つ存在」と考えて、社会のノーマライゼーションを実現していくプログラムということになります。

自閉症児や自閉症の大人には、彼ら・彼女らなりに優れた点が多々あります。ですので、自閉症者の優れた点を引き出していくことが、そのまま支援になります。TEACCHは療育の一手段として療育施設で行われますが、家庭でも職場でも応用可能です。そういう意味では、生涯にわたって自閉症の人を支援するシステムと言えます。また、「生涯にわたる」という点が、TEACCHの強みです。

自閉症という疾患は、親の育て方に原因があると考えられた時期がありました。冷蔵庫のように冷たい母親から、自閉症が生まれるという誤った考え方です。自閉症の本質は、親の育児法にあるのではなく、脳の器質的発生異常であると最初に見抜いたのは、TEACCHプログラムを開発した医師と言われています。自閉症児にとって母親は敵ではなく、味方なのです。したがってTEACCHでは、プログラムを行う療育者と保護者が協力しあって療育を進めるという思想が当初からあります。

TEACCHでは、子どもの課題を正しく理解し、それにふさわしい課題を与えていきます。こうした考えも自閉症児の文化を尊重していると言えるでしょう。だから、TEACCHでは、療育の個別化という考え方がとても重要になります。要は子どもによって、どういう課題を与えていくかを変えていくということです。

さて、以上のように説明するとちょっと抽象的だと思われるかもしれません。そこでもっと話を具体的にしましょう。TEACCHの中核になる療育の方法は構造化です。構造化とは、発達障害のある子を取り巻く環境や、対応の仕方を目で見て分かりやすく整えることです。

自閉症児は、コミュニケーションが困難で、こだわりが強いことはこれまでに何度も説明した通りです。さらにこの子たちには視覚優位という特性があります。また、自閉症児は時間の概念を理解することが得意ではありません。そうした特性を十分に理解し、自閉症児の文化を尊重し、構造化を進めます。具体的には次の四つです。

- 物理的構造化
- 視覚的構造化

・スケジュールの視覚化
・ワークシステム

子どもの集中しやすい環境を整えること

まず、物理的構造化です。自閉症児は一つの道具を使って複数の作業をすることが苦手です。たとえば、一つの机を使って、そこで食事をしたり、絵を描いたり、積み木を積んだりするということができない子がほとんどです。こういうときは、使用目的に合わせて複数の机を用意します。食卓用のテーブルと、お絵かき用の作業台と、遊び用の机です。

そしてエリアごとに、そこは何をする空間であるかを分かるようにしてやるのです。課題を行う机がある場所はワークエリア。遊びの机がある場所はプレイエリアです。今自分がどこにいるかを知ることで、自閉症児は混乱しないで済むことになります。

また自閉症児は周囲からの刺激に敏感なことがよくあります。隣からの雑多な情報が押し寄せてくると、それらが気になって集中できないと混乱してしまいます。こうした状態を避けるため、子どもをパーテーションで囲って集中しやすい環境を作ることができます。

誤解のないように付け加えますが、物理的構造化とは自閉症児を一人の状態にしておくことではありません。このスペースは個人の空間、そしてこの大きなテーブルはみんなとの共有空間というふうに、その場所が何に特化したものであるかをはっきりと子どもに伝えてやることが重要です。

絵などを使って目で見て手順が分かるようにしましょう

次は視覚的構造化です。これは非常に簡単なことで、目で見てすぐに分かるようにすることです。読者の皆さんは、組み立て家具を買ったことはありますか？　必ず組み立ての手順書が入っていますね。いろいろな手順書がありますが、ほとんど絵だけでコマが進む手順書を見たことがないでしょうか？　言葉でくどくどと説明せずに視覚情報で相手に意思を伝えるのが、視覚的構造化です。

私たちは生活をしていく上で、いろいろな決まり事を学んでいかなければなりません。たとえば、挨拶をする。手を洗う。歯を磨く。服を着る。こうしたことを自閉症の子どもに教えていくためには、手順書を絵で作ると子どもに伝わりやすいのです。組み立て家具の手順書と同じです。

また、もっと簡単にマークを使うこともあります。最近はタバコの禁煙の動きが広がり、喫茶店などでも店先に禁煙を知らせる告知が出ています。こうした場合、言葉で「当店は禁煙です」と書くよりも、タバコに×を付けた絵の方が目に入りやすいでしょう。私のクリニックにも玄関のドアにマスクの絵が大きく書かれたポスターが貼ってあります。そして小さな文字で「マスク着用」と添えられています。

こうしたマークの使用は、自閉症児に特に有効です。やってはいけないことを×で表示したり、矢印とトイレのマークでトイレを促すことができます。床にテープを貼ることで、子どもの動線を決めたり、「いったん立ち止まる」を示すこともできます。

次にスケジュールの視覚化について説明します。自閉症児は時間の流れをつかむのが苦手です。次に何が起こるか分からないと不安になります。園や学校で急にスケジュールが変更になると、子どもはかんしゃくを起こしたりパニックになったりします。これは自閉症児のこだわりとも言えますが、先が見えないことへの不安とも言えます。

そこで、一日の流れを視覚的に子どもに示してやります。たとえば、帯のような長い紙を縦に壁に貼っておきます。そしてその帯に絵カードを順番にクリップで留めておき、一日のスケジュールを子どもに示すのです。

1枚目のカードは挨拶のカード。2枚目はみんなで歌を唄うカード。3枚目は個人が課題をこなす作業のカード。4枚目は手洗いのカード。5枚目は食事のカード。6枚目は歯みがきのカード。7枚目は遊具で遊ぶカード。8枚目はみんなで集まったお別れ会のカード。こういう感じです。スケジュール表の先頭には子どもの名前と顔写真を貼っておけば、自分のスケジュールはこれだなとすぐに分かります。

もちろん形式はどんなものでも構いません。ホワイトボードにカード型のマグネットを貼り付けて、そこに指示内容を書いてもいいです。

カードには絵と文字が書かれていますが、それでも分かりにくいと感じる子どももいるでしょう。そういうときは、縦長の帯に小さな置き箱をいくつも据え付けておきます。そしてその置き箱の中に、実際の物品を入れておきます。食事だったらスプーン、歯みがきだったら歯ブラシを入れておくわけです。

こうすることによって子どもは不安がなくなり、活動の流れがスムーズになります。スケジュール表を貼り出しておくスペースは、それ専用に区別しておくと効果的と言われています。そのスペースはワークエリアでもなく、プレイエリアでもないトランジション（＝移行）エリアです。子どもは次に何をすればいいか分からなくなったら、トランジションエリアに行って自分のスケジュールを確認すればいいのです。

最後にワークシステムについて説明します。

自閉症児は何かの作業をするときに、四つの不安を抱くと言われています。

・何をするのか
・課題の量がどれくらいあるのか
・あとどれくらい課題が残っているのか
・終わったあとはどうするのか

そこで、子どものワーク机に手順書を貼ります。上から順番に1、2、3、4と番号が振られていて最後には「終わり」と書かれていて、「次のスケジュールへ」と指示があります。そしてこの1から4が、こなすべき課題というわけです。子どもの左手側には、引き出しが縦に四つ並んだ収納ボックスが配置されています。そしてそれぞれの引き出しには1から4の番号が付いています。子どもはまず1の引き出しを開けます。するとそこにはトレイが入っており、トレイにはやるべき課題のツールが収まっています。

課題とは何でしょうか？　これは実にさまざまです。最初に述べたようにTEACCHとは個別化が鍵になります。その子の伸ばしたい部分を課題で解決に持っていくのです。欠点を克服するというより、得意分野を伸ばすことで、課題の最初から最後までを自分でやることによってプライドを育てるという面があります。したがって、TEACCHでは課題のことを自立課題と呼びます。

少し具体的に課題を挙げるなら、たとえば、指を動かして細かい動作をする、体を動かして大きな動作をする、色・形・大きさでモノを分類する、部品を組み立てる、紐を結ぶ、日常生活の動作を行う、などがあります。また遊ぶことも課題の一つですし、文字や数字を学習することも課題になります。

そして1の課題が終了したら、作業机の右手側に置かれている大きな箱の中にトレイをしまいます。そして次は、2の課題に取りかかるのです。こうして作業を左から右へと進めていきます。1から4の課題がすべて終了したらトランジションエリアに行って、次のスケジュールを確認すればいいのです。

以上を整理すると、次のようになります。

- 何をするのか　↓　左手の収納ボックスに入っている課題を
- 課題の量がどれくらいあるのか　↓　収納ボックスに入っているだけの量を
- あとどれくらい課題が残っているのか　↓　右の箱にすべて入るまで
- 終わったあとはどうするのか　↓　スケジュール表を見る

これまで見てきたように、TEACCHでは自閉症児が視覚優位であることを療育に役立てています。視覚を強調すればコミュニケーションが取りやすいというのは、自閉症児でも我々でも同じことです。言葉をなかなか獲得できない自閉症児には絵カードを使って自分の欲求を親に伝えることができる子もいます。

大事なことは自尊心を持って大人になれることです

千葉市では、TEACCHプログラムを全面的に取り入れて運営している児童発達支援事業所は私の知る限りありません。ですが、TEACCHの理念を取り入れて日々の支援を構成している施設はあります。この施設では、視覚優位な子どもには視覚情報を有効的に活用し、マークを使ってそこが何の場所であるかを分かるように、物理的構造化と視覚的明瞭化を行っています。

TEACCHを最大限活用するためには、療育→家庭→職場と構造化を広げていく必要があります。しかしそこまでのことが実現しなくても、家庭内での構造化は子どものストレスを大きく減らす一つの方法ではないでしょうか。

4章で説明したABAと、TEACCHは療育の二大プログラムです。どちらが優れているか議論になることもあるようです。両者の最大の違いはその哲学・思想にあります。ABAでは発達障害の子ができないことをできるようにするという考え方が強いように思えます。一方、TEACCHは、もちろん伸ばせる点は伸ばしますが、健常児に限りなく近づけるという考え方はありません。

では、両者が水と油かと言うと、そういうわけではありません。TEACCHで自立課題を行う中で、プロンプトや強化子《きょうかし》（褒めることや褒美のおやつ）の使用を否定していません。つまりTEACCHの中にABAの要素を組み込むことは十分可能なのです。そして子どもの年齢も両者の療育の優位性に関係します。

ABAは早期に行うことでより効果を発揮する可能性があります。1歳半から3歳の子どもの言葉を引き出すのに、有益だと考えることができます。しかし、18歳の青年にABAは有効でしょうか？　一方で、TEACCHは、あまり小さい年齢では効果が出にくいように感じられます。3歳以上で有益になり、学童期以降も構造化は子どもの手助けになると思います。

では自閉症児が成人になったとき、構造化の教育を受けてきたことは無駄になるのでしょうか。それはあり得ません。確かに自閉症児にTEACCHプログラムを行っても健常な大人になるということはありません（これはABAも同じ）。けれども自閉症児は自閉症という文化をもったまま周囲に受け入れられ、本人は自尊感情を持って成人になれることが期待されます。そして私たちの社会というのは、案外、構造化されているのです。

レストランでメニューを見ると、料理は必ず写真で表示されています。場合によっては番号が振られているかもしれません。これは海外に行っても同じです。言葉が通じなくても、視覚情報だけで料理の注文が可能です。これも構造化です。

道路の標識はほとんどすべてが記号です。地下鉄の入り口はマークですぐに分かります。コンビニも遠くから見るだけでそれとすぐに分かります。駅で時刻表を見れば、この先のスケジュールが分かります。会社のオフィスには必ずホワイトボードにカレンダーが書かれているでしょう。

構造化はハンディキャップのある人への助けになると同時に、私たち健常者の役にも立ちます。今の時代、エレベーターの付いていない駅はまずありません。そしてエレベーターは車椅子の人の専用の物ではありません。高齢者や妊婦さん、そして疲れたサラリーマンの味方になります。

TEACCHの三つのポイント

最初に述べたようにTEACCHのゴールは、ノーマライゼーションにあります。構造化は自閉症の人にも、健常者にも役立つのです。つまり構造化という思想は、視覚障害の人の白杖《はくじょう》に相当し、足の不自由な人の車椅子になるのです。

4章で、私はABAについて保護者は知っておいた方がいいと言いました。それはTEACCHについてもまったく同じです。理由はやはり二つあります。一つは、少なくともTEACCHは子どもにいい面があることは間違いなさそうだということです（子どもを尊重するのは育児の基本です）。もう一つは、両親の意見が揃っていることが大事だからです。両親のどちらかが、家庭内を構造化し、どちらかがそれを否定したら、子どもは混乱します。だから、TEACCHを難しく考えないでください。大胆に整理するとTEACCHの骨子は次の三つです。

- ここは何の場所かを分かるようにする
- 視覚情報を利用して伝える
- スケジュール感を示す

TEACCHには、私たちの文化と自閉症者の文化が、この社会の中で共生するという考え方があります。こうした思想は、高齢化が進み身体が不自由な人が増えるこれからのわが国においてますます重要になっていくと、私は考えます。

最後に書いておきますが、TEACCHとは、Treatment and Education of Autistic and related Communication handicapped CHildren の略語で、「自閉症やそれに関連するコミュニケーションのハンディがある子どもたちへの治療と教育」という意味です。

7章 水にこだわるコージ君

「いつまでも噴水の水を触っているんです」

コージ君が初めて私のクリニックに来たのは生後2カ月のときです。やはり予防接種が目的でした。その後、千葉市4カ月健診の際にBCGを接種し、生後6カ月と10カ月で私のクリニックで乳児健診を行っています。発育は順調で問題は何もありませんでした。風邪を引いて受診することもなく、私の役目は健診と予防接種だけでした。

コージ君が1歳8カ月のとき、1歳6カ月児健診のためにお母さんに連れられてやってきました。身体の計測が終わって診察室で向き合い、お母さんが集団健診のときに書いた問診票のカーボンコピーを見て、私は思わず「え！」と声を出してしまいました。

医師への連絡事項に「発達障害の疑いにて千葉市療育センターへ紹介」となっていたからです。私はもう一度、問診票のチェック項目を上から下まで見ていきました。「運動」も「社会性と言葉」も「耳」も「目」もすべてOKです。ただ、「生活」の中で「なかなか寝ない、などの睡眠で困ることがある」に丸が付いていました。

私はお母さんに尋ねてみました。

「千葉市療育センターに紹介になっていますけど、それはどういう理由ですか？　睡眠で困ることがあるに丸が付いていますが」

「それは昼寝をなかなかしてくれないから、丸を付けたんです。でも、わたしが気にしているのはこだわりなんです」

「こだわり、ですか？　どういう？」

「コージは水にこだわるんです。蛇口をひねって水を出すといつまでもそれを見ているんです。それから泡も好きなんです。石けんの泡をずっと触っているんです」

「なるほど。執着するんですね」

「そうなんです。公園へ行ってもずっと噴水の水を触っているんです。本当にずっとなんです。離れられないという感じです。私が、『もう行こうよ』と抱っこをすると、身をよじって嫌がるんです。それで地面に降ろすと、公園を一人でどんどん歩いて行ってしまうんです。どこまでも行くので、なかなか家に帰れないんです」

「抱っこを嫌がるのは、ふだんもそうですか？」

「ええ、そうなんです、手をつなぐとか、抱っことか、そういうのを嫌がるんです」

私はちょっと考え込みました。確かに療育センターに紹介になったのは理解できます。しかし、発達障害ならば1歳6カ月児健診の問診票のどこかの項目に引っかかっていてもいいはずです。ところが、それが一切ありません。コージ君は単語も出るし、指さしもできるというのです。

「療育センターへの紹介状はすでにもらったのですね？」

「はい。予約を入れましたが、診察まで2カ月待ちだそうです」

「そうですか……。お母さん、それまで時間がありますから、うちでも自閉スペクトラム症の問診をやってみませんか？」

「ああ、そういうのがあるんですね。お願いします」

私はいったん診察室を出て、院長室の自分のパソコンに向かいました。そして、日本語版M-CHAT（エムチャット）と呼ばれる乳幼児自閉症チェックリストを印刷しました。

診察室に戻ると私はその紙をお母さんに見せました。

「これをご覧になってください。全部で23個の質問から成っています。『はい・いいえ』

で答える形式になっています。やや当てはまる程度でしたら『いいえ』に丸を付けてください。はっきりと当てはまる場合だけ『はい』にチェックをいれてください。質問の意味が分からないときは……」

私はもう1枚の紙を取り出しました。

「ここにイラストがあります。お子さんの行動がこの絵に当てはまるかどうかで『はい・いいえ』を決めてください。今日、帰る前に待合室でこの質問票に答えて、紙を看護師さんに渡してください。結果は明日以降ならいつでもいいので、また受診してください」

私はコージ君の診察に取りかかりましたが、コージ君をみてもどこが普通と異なるのかまったく分かりませんでした。聴診も上手に受け、お腹の触診も上手に受けてくれました。寝かしているコージ君の手を引くと座り、そして引き上げるとしっかりと立ち上がります。身体の発達は1歳8カ月としてまったく正常です。

「お母さん、どこ?」と聞くと、母親の方を向きます。

「お母さんのところに行って」

私がそう言うと、コージ君は戸惑ったように立ちすくんでいます。

「お母さん、手を出して」

促されてお母さんがコージ君に向かって両手を差し出すと、コージ君はお母さんの方へすたすたと歩み寄って行きました。この日の健診はこれで終了しました。

私はその日の診療時間が終わると、院長室でお母さんが書いたM－CHATをじっくりと読みました。M－CHATは自治体によっては自閉症の早期発見のために1歳6カ月児健診に採用されているようです。千葉市では2020年4月に導入が決まりましたが、この原稿の執筆時では本格運用には至っていません。質問事項は全部で23あり、自閉症が疑われるNG項目が『はい』と『いいえ』に適当に振り分けられています。23のうち、3個以上NGがあれば、自閉症の疑いということになります。そして23の質問の中には、特に重要項目があります。これらは二つNGがあれば要注意ということになります。

重要項目とは、

- 他の子どもに興味がありますか？
- 何かに興味を持った時、指をさして伝えようとしますか？
- あなたに見てほしいモノがある時、それを見せに持ってきますか？
- あなたのすることをまねしますか？
- あなたが名前を呼ぶと反応しますか？

・あなたが部屋の中の離れたところにあるオモチャを指でさすと、お子さんはその方向を見ますか?

重要項目と聞くと読者のみなさんは、何か特殊な質問と思うかもしれません。しかしこうした質問は実は1歳6カ月児健診の問診票でほとんど聞いています。そして予想通りと言うか、コージ君のお母さんはこれらの項目をすべてOKで通過していました。

コージ君が唯一引っかかったNGは、

・何もない宙をじぃーっと見つめたり、目的なくひたすらうろうろすることがありますか?

という項目でした。これは公園をどんどん歩いて行ってしまうことを言っているのでしょう。結局、お母さんの視点からはコージ君の発達の問題点は23個中1個ということになります。

その週の土曜日にお母さんはコージ君と一緒にクリニックに来ました。私はM-CHATの結果を伝えて、この検査だけからは自閉スペクトラム症とは言い切れないこと、ただし、水へのこだわりは定型発達児ではあまり見られないことを率直に述べました。

お母さんは、あまり表情を動かさず、「とにかく療育センターに行ってきます」としっかりとした口ぶりで答えました。

それからコージ君とお母さんがクリニックにきたのは3カ月後でした。問診票には「発達について」と書いてあります。

私は診察室に入ってきたお母さんに早速尋ねました。

「どうでしたか？　療育センターの先生は何と言っていましたか？」

「ええ、やはり自閉症の疑いと言われました。ただ、単語が五つくらい出るし、コミュニケーションも大丈夫みたいで……私と意思の疎通も取れますし、知的な面では大丈夫なのかもしれないと言われました」

「そうですか。それで療育は？」

「はい。先週決まりました。週が明けたら通い始めます」

「じゃあ、またその結果を教えてください。きっとコージ君には伸び代がありますから、そこを伸ばしていきましょう」

「水へのこだわりは、家ではどうすればいいのでしょうか？」

「止めさせるとパニックになりますか？」

「そこまではひどくありません。離れられない、離れるのをごねる……という感じです」

「では、たくさん遊びに誘ってください。そして遊びに興味を示して水から離れたら、その瞬間にたくさん褒めてあげてください」

「分かりました。やってみます」

お兄ちゃんも発達障害があったから……

それから半年経った頃に、私はコージ君とお母さんと一緒に診察室で話をしていました。コージ君は2歳半になっていました。そしてこの日は、コージ君のお兄ちゃんのイッキ君も来ていました。

私ははっきりとした声で「こんにちは！」と声を出しました。

コージ君はお母さんの膝の上でモゾモゾしています。

「お名前は？」

「……」

「何歳？」

指を何となく2本、出しています。

「お母さん、言葉は増えてきましたか?」

「それがちょっと難しいんです。単語の数は増えているんですが、2語文にはならないんです」

「お母さんとの間でコミュニケーションは取れていますか?」

「はい、大丈夫です。ただ、それが身振りとか表情とかで、言葉ではないんです」

「そうですか……ちょっとペースがゆっくりになっていますね。でも心配しないで、待ってみてはどうでしょうか?」

お母さんは初めて見せる、やや不安そうな表情になりました。

しかし、それからしばらくしてクリニックにやってきたときには、はっきりと明るい表情でした。私は尋ねてみました。

「療育は楽しそうにやっていますか?」

「ええ、好きみたいです。特に身体を使って大きな動きをするのが楽しいみたいです。集団でやっているので、それも楽しいみたいです。みんなと仲良くやっています」

「どうですか、言葉は?」

「はい! 2語文が出るようになってきました。これ・食べる、とか、パパ・行った、とか、一生懸命喋ってくれます」

「それはよかった。こだわりは減りましたか？」

「あると言えば、あるんですけど、だいぶ普通というか、気にならなくなりました。この子なりのこだわりなのかもしれませんが、絵本をかなり長い時間ずーっと見ていたりするんです。絵よりも文字に興味があるように見えるんですよね。新聞も一面の見出しの漢字を指で押さえていたりするんです」

「確かにコージ君のこだわりかもしれませんね。でも、強い執着という感じではないですよね。会話も普通にできて、身体も思うように動かすことができる。療育を始めてまだ半年なのに、順調じゃないですか？　とにかくたくさん遊びを教えてあげてください。気になる点よりも、上手にできた点にいっぱい注目して褒めてあげてくださいね」

「はい、そうします」

「じゃあ、また時間のあるときでいいので、受診してください。何か心配ごとが起きたらすぐに来てもらって大丈夫です。いつでもどうぞ。専門的なことは療育センターで、ちょっとしたことは、うちに相談にきてください。いつでも受診できるのがうちの利点です」

お母さんが、コージ君の自閉症の疑いという病名をすんなり受け入れ、療育に積極的だったのには理由があります。それは、コージ君のお兄ちゃんのイッキ君が発達障害で療育をすでに受けているからです。きょうだいが共に発達障害というのは、時々あるケースです。これは発達障害の発生に遺伝的な背景があるためでしょう。千葉市1歳6カ月児健診のときも、保健師さんたちが、お兄ちゃんが発達障害であることを考慮に入れて療育センターへの受診を早々と決めた可能性があります。

いずれにしても、お母さんは発達障害というものがどういう特性で、療育によって子どもがどう変化していくのかを知っていたのでしょう。私が療育という言葉を出すと、かなり戸惑ってしまって、療育を始めるまでに時間がかかる保護者の方がいますが、コージ君のお母さんの場合は極めてスムーズでした。また、最初に単語が出ていたことも、お母さんの心を軽くしたのかもしれません。

コージ君の伸びはこれからです。言葉も増えてきましたので、この先、もっと伸びると期待してよさそうです。お母さんには療育センターとうちのクリニックを上手に活用して欲しいなと私は思いました。

8章　発達障害は治るのか？

「障害」とは何でしょうか

まず初めに「障害」という言葉について考えてみます。

障害とは何でしょうか？　病気は治るもので、障害とは治らないものだという区別の付け方もあるかもしれません。しかし医者の立場からすればこれは必ずしも正しくありません。治らない病気などいくらでもあるからです。私の考えでは、障害という状態は、二つの面から捉えた方がいいと思います。一つの疾患の状態がほぼ固定化していること、もう一つは社会との接点で不自由があることです。

私は長く小児がんの治療に携わってきました。がんの治療は総力戦で、抗がん剤・放射線療法・手術とあらゆる治療手段をとります。その結果、子どもに大きな後遺症を残すことがあります。私の患者で命は助けたものの、全盲になった子、高度難聴になった子、人工膀胱になった子、下肢が不自由になった子、身長の伸びが止まった子が何人かいます。こうした子どもたちは、視力とか聴力とかがダウンした状態でほぼ固定しています。そして社会に出て行くと非常に不自由な毎日を強いられます。

全盲の子は白杖を使い、点字ブロックを頼りに歩きます。点字を習得して本を読みます。高度難聴の子は補聴器を使用したりしますが、これはほぼ無効で、社会に交わっていくためには、口話法を練習します。つまり人の口の形を見て喋っている内容を理解し、自分の声が聞こえないにもかかわらず発声して相手に意思を伝えるわけです。難聴の人にとって、手話の方が桁違いに容易なコミュニケーションの手段です。しかし手話を使える一般の人はかなり限られます。

こうして見てくると、障害の重さというのは、社会がどれだけ障害者を受け入れるシステムを構築しているかで決まってくるように思えます。障害者というと、まるで劣った人とか、能力に欠ける人という印象を抱きがちですが、障害の本質は本人にあるのではありません。私たち健常者の社会に本当の意味での障害が存在していると言えるでしょう。障害者はその壁を越えることに苦労するわけです。

発達障害の子どもたちは、先天的な脳の発達・形成異常によって、定型発達児とは異なる特性を持っています。その結果、社会との接点で不具合が起き、問題が発生するのです。では、発達障害は治らないと考えなければならないのでしょうか？

治るのか、治らないのか……

現在考えられている、発達障害に対する最良の医学的アプローチは、早期発見・早期療育です。その鍵を握るのは1歳6カ月児健診です。

1歳半の子どもは人見知りがまだまだ激しいことがあって、健診の間ずっと大泣きになってしまうことがあります。腹部の触診ではほとんど情報が得られないこともあります。もちろん身体のチェックも重要なのですが、実は1歳半でさらに重要なのが、心の育ちです。発達障害は1歳6カ月児健診で最初に見つける必要があります。

1歳6カ月児健診の段階では、気になる三つのタイプの子がいます。

1　明らかな発達障害の子

2　発達に苦手を抱えている子

3　ちょっと気になる印象の子

1に関しては、千葉市療育センターに紹介状を書いていることはこれまでに述べてきました。2の子に関しては、まず療育を始めます。そして3の子に関しては、私はお母さんに「たくさん遊んでください」と言っています。コチョコチョしたり、(適度に)高い高いをしたり、ハグをしたり、スリスリをしたり。声をたくさんかけて、スキンシップを取って、その後に「必ずお子さんと目を合わせてください」とお願いしています。こうすることで、お母さんと子どもの間でコミュニケーションが生まれ育っていきます。もし、子どもからの反応が乏しければ、もう一度受診してもらいます。しかし私の経験では3のお子さんは、そのまましっかりと育っていくことがほとんどです。

さて、早期に異常が発見できれば次は早期療育です。療育はなるべく早く開始した方がいいと言われていますが、それはお子さんの状態次第です。悪性疾患ではありませんから、一日でも早く……ということはありません。実際、発達の遅れがそれ程目立たない子は、3歳児健診で異常が見つかったりします。

療育の効果を疑問視する医者はほとんどいないと思います。特に1〜2歳の幼児には4章で述べたＡＢＡが有効でしょう。ただ、くり返しになりますが、今、医学界で求められているのは質の高いエビデンスです。4章で紹介したコクラン・レビューによれば早期のABAによって表現力や言葉の力やIQは上昇するようです。自閉症児の適応行動は改善するものの、自閉症の重症度には変化がないという指摘があります。ただ、データはまだ不十分で、今後さらに質の高い研究が必要であることは間違いないようです。

日本には公費の補助がある児童発達支援事業所のほかにも、民間のNPO法人・つみきの会というものがあります。ABAを使ったホームセラピーを後押ししている団体です。医療者が十分にできないことを、一般の人たちがここまで精力的に療育を推し進めていくのはなかなかできることではないと思います。つみきの会が発行する書籍やDVDはABAの実践を事細かに伝えており、自閉症児を持つ一人の父親がここまで会を発展させたことは驚きとしか言いようがありません。

私は、児童発達支援事業所の療育に行き詰まりを感じていた保護者に、つみきの会を紹介したことがあります。その方は、会のすべてのプログラムを消化したわけではありませんが、自分の子どもに合った療育プログラムを使ってみて、大変いい効果があったと喜んでいました。

その一方で、療育の効果は極めて限定的で、多くの力をつぎ込んだぶんに見合う見返りはないという親の声もあります。これはこれで一面の真実を伝えていると思います。重度の自閉症児の中には、意味のある言葉を話さず、奇声をあげてクリニックの中を走り回る子もいます。診察中、ずっと自傷行為をくり返している子もいます。療育を受けてはいるものの、その効果が出ていない子がいることは事実です。

いや、もし療育を受けていなかったらもっと重度だったのかもしれません。それは検証のしようがないことです。つまり療育というのは、発達障害の子の持つ伸び代の部分を伸ばす手助けになるのは間違いないのですが、発達障害があっさりと完治することもまたないのも間違いないということです。

そこで、6章で述べたTEACCHの考え方が有効になってきます。発達障害の特性はずっと消えないのですから、その子たちの文化を理解し尊重することが重要になってくるのです。難聴の子に口話法を特訓させるよりも、みんなが簡単でいいから手話を覚えようと意識を変える。足の不自由な人に歩行の特訓を強いるのではなく、車椅子で困らないように社会から段差をなくそうと考える。それがTEACCHの哲学です。お子さんを社会に順応させる努力をしてもいいけれども、ある限界に行き当たったときに、周囲の環境を子どもに順応させる工夫を親がしてやることも重要ではないでしょうか。

あやしい発達障害ビジネスに気を付けて

療育が万能ではないと悟ると、保護者はつい代替療法に頼りたくなります。これは発達障害に限った話ではなく、難治性の病気では必ず代替療法が広まります。アトピー性皮膚炎とか小児がんとかがそうです。こういった治療の中には、毒にも薬にもならないものがありますが、中には極めて高価でいかがわしいものも含まれています。

人間の心理として溺れる者は藁をも掴むと言いますが、値段が高いと効果まで高いと思ってしまう傾向があるようです。利益をあげることだけを狙ったアトピー・ビジネスという怪しい「治療方法」を聞いたことがある人も多いでしょう。

しかしいわゆる民間療法・代替療法というのは、病気の種類を問わずほとんど無効です。実際に効くという動かぬ証拠があれば、それは保険医療として認められているはずだからです。発達障害に関しては、その効果があやふやな治療がいくつかあります。それを少し並べてみます。

●グルテン・カゼイン除去食

最近はあまり見かけなくなった食事療法です。小麦に含まれているグルテンと、乳製品に含まれているカゼインを除去することで発達障害を改善させるという療法です。科学的根拠はありません。食事療法はどんな病気にも必ず代替療法として出てきます。○○が過剰だから○○を減らした食事を、××が不足しているから××を多くした食事をというのが、食事療法のパターンです。発達障害は栄養の偏りで症状が発症したり、重くなったりするものではありません。グルテン・カゼインに限らず、科学的に効果が証明された食事療法は一切ありません。

●キレート療法

自閉症の原因を、水銀を初めとする重金属にあるという立場に立って、重金属を除去するキレート剤という薬品を使って体内から重金属を排出する（キレーション）という療法です。これも科学的根拠がないことが証明されています。さすがに現在ではネットを検索してもキレーションの広告は見当たりません。しかし水銀を心配する保護者の方はけっこういます。

インフルエンザワクチンやB型肝炎ワクチンには防腐剤としてエチル水銀（チメロサール）が添加されているものがあります。こうした水銀と自閉症の関連が１９９０年代に指摘されたことがあります。しかしこれも多くの施設の研究から無関係であることが証明されています。世界保健機関（WHO）も、両者の関係を否定する声明を出しています。まったく科学的根拠はありません。

もう一つ、おたふく風邪ワクチンに関するデマについて触れておきます。1998年のイギリスで、自閉症と腸炎を合併する病気が見つかったと有名な医学雑誌に論文が発表されました。この子どもたちは病気の発症前にMMR（麻疹・おたふく風邪・風疹）ワクチンを打っていたことから、おたふく風邪ワクチンを打つと自閉症になると大騒ぎになりました。ところが何とこれはデータの捏造《ねつぞう》でした。この論文を発表した医者は、MMRからおたふく風邪（M）を抜いたMRワクチンを製造する会社の顧問だったのです。世界中で、おたふく風邪ワクチンと自閉症の関連が調査されましたが、その結果、事実無根と判明しています。

そんな怖いワクチンが認可されるはずがありません。ワクチンは普通に打ってください。

●三角頭蓋

頭蓋骨縫合早期癒合症という病気があります。赤ちゃんの脳は急速に増大するため頭蓋骨は七つのピースに分かれて、それぞれの間に隙間があります。この隙間のことを縫合と言います（縫った跡のようにギザギザしているため）。縫合が予定の時期より早くくっついて

（癒合して）しまうと、頭の形が大きく変形してしまいます。結果、美容的な問題が出たり、脳の発育に問題が生じます。これを頭蓋骨縫合早期癒合症といいます。

どの縫合が癒合するかによって頭の形はさまざまになります。このうち、額に縦に走る前頭縫合が早期に癒合すると三角頭蓋になります。子どもの頭を天井から見下ろすと、額の部分が三角形の頂点のように尖った形になるのです。

ある脳外科医によると、発達障害（特に自閉症）の子は、三角頭蓋を合併していることが非常に多く、手術で縫合を解放して頭蓋骨を広げてやると、自閉症の症状が改善するというのです。しかしその手術が自閉症に本当に有効なのか、医学的根拠は不明確です。その医師だけの意見のようです。

三角頭蓋の手術はかなり大がかりですから、安易に行うべきではないというのが私の考えです。日本自閉症協会も2016年に「（略）自閉症と三角頭蓋の関連性について、医学的な証明はなされておらず、当該手術が自閉症をはじめとする発達障害の治療として有効であるという証明も公認されるには至っておりません。（略）」と見解を出しています。

三角頭蓋の話は、自閉症の保護者の間でけっこう有名らしく私も相談を受けたことがあります。私自身は手術には意味がないと考えましたが、客観的に判断してもらおうと、小児病院の脳神経外科に患者家族を紹介しました。すると、脳神経外科の先生も、手術は勧めないという考えでした。

親の気持ちは痛いほど分かりますが、手術を受ける子どもの身になって冷静に考えて頂きたいと思います。頭蓋骨縫合早期癒合症にはいくつものタイプがありますが、なぜ、三角頭蓋だけが自閉症の原因になるのか私には理解できません。

●サプリメント

発達障害に対してサプリメントを推奨する医師がいます。発達障害が治るという主張ではありませんが、症状が緩和するという考えに基づいているようです。また、サプリメントの効果を評価した科学論文もけっこうあります。しかし、ある論文で「効果あり」と書かれていても、そのエビデンスの質がどの程度なのかは、また別の問題です。

サプリメントは驚くほど高価ではありませんが、長期に使うとそれなりに経済的な負担になります。試してみたい家族はやってみてもいいかもしれませんが、それはあくまでも、主治医の勧めがあって、その指導に従って種類と量を考慮してみるという形に留めるべきでしょう。あまり過度の期待はしない方がいいと私は思います。

発達障害児の問題行動に対してどう対応するかというのは、親にとって深刻な悩みになります。自閉症児がトイレのジェットタオルの音を嫌うという話はよく聞きますが、これはその音を避ければ解決する話です。しかし衆人環視の中で奇声を上げたり、パニックを起こしたりすると親は神経が休まりません。また自分の腕を噛んだり、頭を壁に打ち付けたり、手で頭を叩くという自傷行為もあります。また自分の気に入った席に座ろうと電車の中で他人とトラブルになることもあります。

発達障害の子はなぜこうした問題行動を起こすのでしょうか。理由はさまざまでしょう。不安や怖れがあるのかもしれません。何か表現したいのかもしれません。こだわりがそうさせているのかもしれません。

問題行動を消す決定的な方法はありません。しかしABAを使ってそれを少し軽減することは可能です。一番重要なことは、本人にコミュニケーションの手段を習得させることです。何かが欲しい、何かが怖い。そういうときに、自分の意思を他者に伝えることができれば、奇声やパニックではなく、きちんとした方法での表現が可能になります。

自傷する子に対しては、その代わりに声を出すこと、可能なら話すことを教えていくことが重要です。子どもが自分の頭を壁に打ち付け始めたら、子どもに声かけし、音声や動作を模倣させます。模倣ができたら子どもを褒めて、それを強化していくと同時に、自傷行為を減らしていきます。こうしたことが簡単でないことは私も十分承知していますが、表現の方法に乏しいと問題行動を起こしたときに代替がないので、解決が難しいと思います。問題行動が始まろうとしているときに、何かの置き換えが必要です。それを普段から準備しておくことが重要です。

4章で述べたように、ABAではいったん問題行動が起きてしまった場合、無視・消去という方法を取ります。親がその行動に構ってしまうとそれが強化されるからです。問題行動が収束していったら、その状態を褒めること、「この次は○○しようね」と、正しい行動を教えるということも必要です。

一番やってはいけないことは叱るという行為です。これはまさに負の強化になる危険があります。知的障害を伴う発達障害の子でも、教育が無効ということはありません。しつけは強ければ強いほどストレスになり、しつけが高じると体罰になります。一方、教育は長くやればやるほど効果を生みます。問題行動を起こしている子に対して、「違うことをやろうよ。○○をやろうよ」と粘り強く教育をしていくのは有効な解決策です。教育というのはすぐには効果が出ません。それでも信じて継続していくのが教育です。子どもを信じることと同時に、親自身が「継続が力になる」と信じることが重要です。

親が受け入れないと、二次障害を引き起こす危険があります

わが子が発達障害であることを受け入れるのはなかなか容易ではありません。その理由は、ダウン症の赤ちゃんと比較してみるとよく分かります。発達障害もダウン症も先天性の疾患であり、障害です。ダウン症は生まれたときから顔貌に特徴があります。ところが発達障害には見た目の特徴がありません。また、発達障害は1歳を過ぎてからじわじわと症状が現れ始めます。一方で、ダウン症の赤ちゃんは心奇形や血液異常を合併しやすく、生まれてすぐに現実を突きつけられます。さらにダウン症には染色体検査という決定的な確定診断の方法があります。ところが発達障害は血液検査をやっても脳の画像検査をやっても診断に至るマーカーはありません。

障害を受け入れる最初の一歩とはなんでしょうか。それは「あきらめ」だと思います。居直りとか自暴自棄とかと少し異なって、「これが現実なんだ」とあきらめることが受容の始まりです。しかしわが子に障害があることをあきらめて受け入れるのは非常に難しく、親の心は受容に進んだり後戻りしたりします。この間、子どもは親から置いていかれる状態になり、場合によっては愛着形成が不十分になることがあります。

発達障害を持った子どもの心理を親が認めようとしないと、親は自分の子を叱ったり、

否定したり、あるいは体罰を振るうかもしれません。子どもには猛烈なストレスがかかります。親にそんな意識はなくても子どもから見ればある種の虐待になるかもしれません。こうしたストレスが長く続くと、発達障害の子は二次障害を来します。二次障害とは以下のものを指します。

• 身体症状　不眠、腹痛、頭痛など
• 心の症状　不安障害、強迫性障害、うつ病など
• 問題行動　不登校、引きこもり、家庭内暴力、アルコール依存、自殺、犯罪など

二次障害を引き起こすと、今度はその解決のために医療介入などのさまざまな努力が必要になってきます。事態がこじれにこじれた状態と言ってもいいでしょう。発達障害児の治療目標の一つは、二次障害にならないようにすることだとも言えます。

そのためにも両親が揃って障害を受容することが重要になります。両親が受容しても両家の祖父、祖母が疾患を理解してくれなくて子どもにきつく当たるという話もよく聞きます。若い両親にとっても発達障害とは何かというのはなかなか理解できないことなので、高齢の祖父、祖母にはそれ以上に難しいかもしれません。しかしこの問題は避けて通るこ

とはできません。両親は自分の親に対してくり返し発達障害とは何かを説明しなければなりません。

また原点に戻って発達障害の治療ということをよく考えてみると、一番重要なことはまず正しい診断を子どもに付けてやることだと気づきます。診断は医療の原点です。そして本人への告知と、本人から周囲へと理解を広げることが重要になります。

毎日新聞が発達障害の診断を受けた20歳以上の862人に調査を行った結果を記事にしました（『大人の発達障害　4割超「うつ病」発症』2019年3月26日）。

周囲から発達障害を正しく認識されていないと、学校でも職場でも人間関係に大きなトラブルを招きます。親に叱られ、教師に叱られ、友だちにいじめられ、職場でも叱責されます。叱られ、いじめられれば、本人はさらに反発しますから、トラブルもさらに大きくなります。するとストレスが高じて二次障害になります。体調がすぐれないなどの身体症状のほかに、精神症状も呈します。この毎日新聞の調査によれば、45・5％の人がうつ病を併発していたそうです。

学校でのいじめは71・8％、職場でのいじめも45・4％に上っているそうです。つまり発達障害と正しく診断されないまま成人になる人の中には、それまでの特性が問題行動として扱われてしまうことがあるのです。

二次障害という言葉は発達障害の子を育てる親にとって非常に大事なキーワードです。こんなことを言うと不安になる読者もいるかもしれませんが、それまで順調に育っていた発達障害の子が思春期に差しかかって強迫性障害やうつ病にかかることがあります。また、統合失調症やうつ病の患者でなかなか改善しない人の病歴をよく聞き取ってみると発達障害があったことが分かるケースがあると言われています。ある精神科医の指摘によれば、知的障害のない自閉症の人は、自閉症と統合失調症などの精神疾患が大きなスペクトラム(連続体)を作っている可能性があるとのことです。

そうした危険を早めに察知するためにも、子どもの様子をよく観察し、把握しておく必要があります。特に思春期は子どもの心の中に嵐が吹き荒れますから、二次障害を引き起こしやすい時期にあたるため、どんな変化でも見逃すことなく主治医に相談することが重要です。

発達障害児の特異な才能について

この章の最後に、発達障害児の特異な才能について少し触れておきます。

『発達障害の豊かな世界』(杉山登志郎、日本評論社、2000年)の冒頭に、非常にインパクトのある逸話が出てきます。社会人になった自閉症のてる君の話です。彼の自閉症は決して軽いものではありません。言葉は単語が出るかどうかでした。また知的障害も伴っており、知能指数は30と判定されています。中学を卒業し、就職して1年が経った頃、彼は毎日2枚ずつ色鉛筆で絵を描き始めます。

両親は最初、その絵の意味が分からなかったそうです。しかしやがてその絵は、てる君が通っていた幼稚園時代のある日のことだと気付きます。てる君は絵を描き続け、それは10年に及び、絵の数は千数百枚を超えました。これらは連続画をなしていて、夕方の入浴から始まり、翌日の入浴までの24時間を描いたものでした。

なぜこうした絵を彼は描くことができたのでしょうか。動機も不明だし、10年間持続した根気の理由も不明です。ただ一つ確実に言えるのは、てる君には驚異的な記憶力があるということです。

また、映画『レインマン』をご覧になった方も多いのではないでしょうか。自分の欲望に率直に生きる弟と、自閉症の兄の心の交流を描いたロードムービーです。自閉症の兄を演じたダスティン・ホフマンは、その迫真の演技でアカデミー主演男優賞を受賞しました。兄レイモンドは、「人に関心がない」とか「決まった生活パターンを守り、同じ衣服にこだわる」など、典型的な自閉症の特徴を持っています。

そしてレイモンドには特異な才能があります。驚異的な記憶力と計算力です。彼は、床にばらまかれた爪楊枝の数を一瞬にして数えてしまうのです。まるで写真を撮影するように視覚情報を脳に記憶として焼き付けてしまうことを「直観像記憶」といいます。

レイモンドには実在のモデルがいます。キム・ピークという方で、以前NHKでドキュメンタリー番組が放映されたのでご存じの方もいるかもしれません。キム・ピークは、生まれつき、左脳と右脳を結ぶ神経線維が欠けた「脳梁欠損」という異常を持っており、知的障害を伴う発達障害者でした。

しかし左右の目で本の左右のページをそれぞれ見つめて数秒で記憶し、図書館の9000冊を超える内容をすべて頭の中にデータベース化していたそうです。政治からスポーツまで、どんな分野でも、いつ、どこで、だれが何をしたか、すべて記憶していました。地図も郵便番号も読んだものはすべて記憶していたのです。

発達障害児の中にはこうした特異な才能を発揮する子がいます。こうした天才的な振舞いをサヴァン症候群（サヴァンはフランス語で学者の意）と言います。発達障害の子を持つ親であれば、必ず出会う言葉です。しかしこれが将来何かの役に立つかというと、それは大変難しいと思います。

ノーベル賞作家の大江健三郎の息子・光氏には知的障害がありますが（発達障害ではな

い)、作曲やピアノの才能があります。テレビに出演したり賞を受けたりしています。こうしたケースは例外的ですし、何か一つだけ特異な才能があったとしても、それと自立はまた別の話になります。

サヴァン症候群の人たちは、こうした能力があって幸福と感じているか、それは他者には計りしれません。ただ、親が発達障害のわが子に何かの才能を見つけようとしたり、何かの特性を職業に結びつけようと考えるのは、子どもにはストレスになる可能性が高いと思います。好きなことがあれば好きなままにさせておき、無用なプレッシャーは与えないようにしたいものです。

また、周囲からも「発達障害の子は何か才能があるんでしょ?」「眠っている才能があるはずだよ」と煽られることがあると聞きます。そうした声は軽く聞き流し、わが子をありのままでいいと受け入れることが大切です。無理な期待は二次障害の一因になると考えた方がいいでしょう。

9章 友だちと仲良くできないイッキ君

注意されると逆ギレする

コージ君のお兄ちゃんのイッキ君のことも、私は彼が生後2カ月の頃から見ています。乳児健診と予防接種を順調にこなし、1歳6カ月児健診のときにも異常は見られませんでした。意味のある言葉が五つ出て、知っているものや欲しいものに対して指さしをしました。お母さんが何かに視線をやると、イッキ君もその視線の先を追って二人で同じ物を見ました（共同注視）。また、イッキ君は積み木を持ってくると、「これで遊んでいい？」とでもいうようにお母さんの顔を覗き込みました（社会的参照）。

その後、風邪を引いたりして何度か私のクリニックに来ました。3歳に近づいた頃、弟のコージ君が生まれました。そして3歳半で、3歳児健診のために私のクリニックにやってきました。

「お名前は?」

「イッキ」

「何歳?」

「3歳」

次に私はお母さんに尋ねました。

「イッキ君、外遊びはしますね? 走ったり、ブランコとか滑り台とか?」

「はい。外遊び、大好きです。ブランコとか滑り台も上手にできます」

「イッキ君、家の中で絵本のページをめくったり、クレヨンで丸を描いたり、できますね?」

「はい。大丈夫です」

私は聴診と触診を終えて、母子手帳に『発達・発育　良好』とスタンプを押しました。

「イッキ君は今度の春から幼稚園に入園と言っていましたね。今まで順調に育っていますから、入園に当たって何も問題はないでしょう。集団生活に入ると風邪を引くことが増えたりしますから、手洗いの習慣を身に付けてくださいね」

それから私はイッキ君に声をかけました。

「イッキ君、赤ちゃん、可愛い？」

「うん」

「イッキ君、赤ちゃん、好き？」

「うん。好き」

「じゃあ、お母さん、すべて問題ありませんから今日はこれで終了です」

私から見てイッキ君はほかの子どもたちと同じように何も気になる点はありませんでした。


しかしイッキ君が幼稚園に入園し、3カ月ほどするとお母さんがイッキ君を連れてクリニックに来ました。てっきり風邪かと思って問診票に目をやると、そこには「発達の相談について」と書かれていました。イッキ君は3歳11カ月になっています。

「お母さん、今日はどうしました？」

「イッキは、幼稚園でお友だちとうまくいかないんです」

「具体的にはどういうことですか？」

「みんなと同じことができないと園の先生に言われたんです」

「並ぶとか、列になるとか、ですね？」

「そういう決まり事を守らないんです。椅子を並べて丸くなってもイッキは立ち上がって勝手なことをやっているそうなんです。それも毎回で先生が注意するんですけど、注意されると逆ギレみたいに大声を出すんだそうです」

そう言って、お母さんは小さくため息をつきました。

「うーん。言葉は普通に出ますよね？　お父さん、お母さんと普通に会話していますよね？」

「あ、それは全然問題ありません。よく喋ります。でも自宅でもときどきかんしゃくを起こすことがあるんです。コージをあやしているうちに、コージの持っているおもちゃを取ってしまうんです。注意すると大騒ぎになって絶対に返そうとしないんです」

「分かりました。イッキ君の会話って、お父さんやお母さんと嚙み合っていますか？　言葉は多くても内容がずれているということはありませんか？」

私は質問を重ねました。

「それは感じたことはありません」

「ちゃんとコミュニケーションが取れている？」

「はい。幼稚園でも先生にそういうことは言われたことはありません」

「イッキ君、おもちゃを手にして返さないそうですけど、何かに執着するとか、こだわるとか、同じことをずっとやっているとか、そういうことはありませんか？」

「ないと思うんですけど、おもちゃを返さないのは、ちょっとしつこいかな？　と思います」

　イッキ君はお母さんと並んで椅子に座っていました。歩き回ることはありません。しかしちょっと上の空という感じです。

「イッキ君、何幼稚園に行っているの？」

「うーん、分かんない」

「じゃあ、何組？」

「星組」

「先生の名前は？」

「○○先生」

「先生はどんな先生？」

「やさしい。でもこわい」

「どんな遊びが好き？」

「……レゴ」

言葉は不自由なく出るし、会話も成り立っています。言語障害や知的障害は普通に考えればないと思っていいでしょう。私は少し迷ってお母さんに向き合いました。

「もう少し様子を見ていいですか？　これから夏休みですよね？　9月に新学期が始まりますから……そうですね、10月頃もう一度来てくれますか？　土曜日だったらご主人も来られますよね。可能ならイッキ君を含めて三人で来てください」

幼稚園の蛇口を独り占めにする

そして10月の土曜日にイッキ君親子の三人がやってきました。イッキ君は4歳3カ月になっていました。私は早速お母さんにイッキ君の様子を聞きました。お母さんは困ったような表情で話し始めました。

「やっぱり幼稚園でお友だちとうまくできないんです。集団行動が苦手なのは、前より悪くなっているようなんです。立ち歩くし、一緒に歌を唄うとかができないんです。遊具に観覧車のミニチュアみたいなものがあって、それをずっと回しているそうなんです。それだけならいいんですけど、ほかのお友だちにもそれをやらせるそうなんです。お友だちはイヤだから喧嘩になるんです」

「そうですか。ちょっと難しい状態になっていますね」と私は呟きました。

「先生が仲介に入って仲直りをさせるんですけど、イッキは最後に余計なひと言を言って場の空気を壊して仲直りがダメになってしまうんです」

「園でほかには問題はありますか？」

「手洗い場に蛇口が三つ並んでいるんですけど、三つから水を流してそれをイッキが独り占めにするんです」

「こだわりなのかな……家ではどうですか？」

「かんしゃくがますますひどくなって。私たちも幼稚園の先生から話を聞いてイッキを叱るので、イッキはますます反抗するんです」

「園では立ち歩くと言っていましたが、自宅ではどうですか？」

「食事のときに立ち歩くんです。それも叱ってしまう理由なんです」

「こだわりはありますか？」

「下着の襟のところ、背中の方ですけど、タグがありますよね？　あれをすごくイヤがるんです。取ってくれって。それからこだわりなのか、レゴのブロックを組み立てるんじゃなくて、この間、長ーく、部屋の端から端まで並べていたんです」

「お父さんから見てどうですか？」

私はお父さんにも質問を振ってみました。

「最初は、男の子ってこんなものだと思っていました。私も子どもの頃ずいぶんとやんちゃで、かなり怒られた記憶があります。ただ、タグを気にするとか、レゴを並べるとか、そういう神経質なところが気になります。私は子どもの頃、もっと雑だったように思います。部屋中にレゴが並んでいるのを見たときは、お前何してんだ？　と、ギョッとなりました」

私はイッキ君に対して幼稚園のことや家での遊びについて前回と同じようにいくつも質問をしてみました。イッキ君は言い淀むことなくスラスラと話し、4歳3カ月としてはむしろ言葉が発達している印象を受けました。もちろん、知的障害を感じさせるような言葉はありませんでした。

イッキ君は知的障害のない自閉スペクトラム症、つまりアスペルガー症候群なのかもしれません。それからADHDの要素もあるのかもしれません。私は、多項目の質問紙を使ってもっと追究してもいいかもしれないと思いましたが、それよりもご両親が今困っている状況を改善させるのが先決だと思いました。私はご両親に向かって切り出しました。

「確かにイッキ君には苦手な面がありますね。お母さんが発達を心配するのは大変よく分かります。発達が上手ではないお子さんに対しては療育が有効なことが多いんです。イッキ君のいい面を伸ばして、不得手な面を消していくんです。どうですか？　やってみませんか？」

ご両親は向き合って「そうだよね」とささやき合っています。そしてお父さんの方から「お願いします」と療育を始めることに賛同が得られました。私はさっそく意見書をタイプし始めました。診断名を「発達障害の疑い」として、所見として、言語発達と知的発達の遅れがないことを付記し、コミュニケーションが上手でなく、こだわりがあり、多動傾向があることを記し、最後に「療育が必要と考えます」と書いて締めくくりました。そしてご夫婦に療育が始まるまでの流れを説明しました。

「実際に療育が始まるまで1〜2カ月かかると思います。だから次回は4カ月後にきてください。療育をイッキ君がどんなふうに受け止めるか、教えてください」

「そういう子なんだとみんなから認められているカンジです」

4歳7カ月でイッキ君はお母さんと一緒にやってきました。療育の様子を尋ねると、これが見事にハマったらしく、イッキ君は療育を非常に楽しみにしているとのことでした。イッキ君の通っている児童発達支援事業所は個別の療育も行っていますが、集団で感覚統合というものをやっていました。大きな遊具を使って身体を大きく動かすことがイッキ君には楽しいようです。成果はこれからですが、イッキ君がまず療育の教室に馴染んでくれてよかったと思いました。

それからしばらくしてお母さんが弟のコージ君をクリニックに連れてきました。7章で述べたようにコージ君にも発達障害の疑いが持たれたからです。二人は同じ療育施設に通いました。

イッキ君が5歳3カ月になったとき、私はお母さんと少し話し込みました。

「イッキ君の様子はどうですか？　幼稚園でお友だちとうまくやっていますか？」

「仲良くできたり、喧嘩したり、いろいろです。だけど、仲のよい友だちもいます。問題が消えたわけではないんですけど、イッキはそういう子なんだとみんなから認められている感じなんです」

「ご家庭では？」

「ああ、同じですね。私もあまり叱らなくなりました。以前は、自分の子はこうあって欲しいという勝手なイメージがありましたけど、今は、イッキはイッキと思えるようになりました。以前はおもちゃを散らかすと、『そんなに散らかしちゃダメ！』って怒鳴っていましたけど、今は『一緒に片付けようね』と言えるようになりました」

「それは大きな進歩ですね。立ち歩きはどうですか？」

「そこはまだちょっとよくなっていないんです。つい手が出るとか、つい言葉が出るとか、まだ不用意な部分があるんです。自宅ではそれでもいいかなと思うんですけど、小学校に上がったらどうなっちゃうのかな？　って。」

「確かにこれからの課題ですね。ADHDっていう言葉知っていますか？」

「ええ、療育の先生に聞きました」

「イッキ君は5歳になったばかりだから、何とも言えない部分があります。6歳を過ぎて、小学校に上がる前にまたちょっと一緒に考えてみましょう。4歳から5歳くらいで多動が目立っても、6歳くらいで落ち着いちゃう子もいるんです。もちろん、そのままADHDの診断が付く子もいます。ADHDと分かれば、またそれなりの対応があります。まだ1年以上も先ですから、地道に療育をやっていってください」

　イッキ君とコージ君のフォローアップはこれからもさらに続きます。私は可能な限りこのご家族を応援していこうと心を新たにしました。

10章　感覚統合という療育

触覚、平衡感覚、固有覚。自覚しにくい三つの感覚

イッキ君とコージ君が受けている感覚統合という療育は、ＡＢＡやＴＥＡＣＣＨのようにメジャーではないかもしれませんが、千葉市の療育施設ではけっこういろいろな所で取り入れられています。やや難しい話になるので、飛ばして先に進んでくれてもいいのですが、きっと読者の参考になると思いますので、簡略にまとめてみます。

感覚統合の基本的な考え方は、発達障害の子どもの脳には機能不全があり「脳に入ってくる情報を整理整頓し秩序をもって構築する」ことができない点にあります。このことが、コミュニケーションのうまさや行動のコントロール、学習力、運動の上手さに障害を来し、

それぞれ、自閉スペクトラム症やＡＤＨＤ、ＬＤ、発達性強調運動障害（発達障害児によく見られる不器用さ）となって表れます。

人間の感覚と言えば五感という言葉がすぐに思い浮かぶでしょう。視覚・聴覚・嗅覚・味覚・触覚です。これらの五感が働いていなければ私たちの日常はたちまちうまくいかなくなります。しかしこの中で触覚は、視覚や聴覚などと比べてあまり敏感に働いているという自覚はありません。ですので、触覚は「自覚しにくい感覚」のカテゴリーに入れておきます。

「自覚しにくい感覚」には、触覚のほかに、平衡感覚と固有覚があります。これらの感覚のバランスが崩れたとき、私たちはそのことをあまり自覚できませんが、心と身体に不調が起きているはずです。このことを深く追究していくと、発達障害の特性の理由が見えてくると考えるのが感覚統合の基本になります。

まず触覚について述べていきます。触覚には生まれ持った原始系と、子どもが成長してから備わってくる識別系がバランスを取っています。赤ちゃんの時期は原始系が優位に働き、触れたものを握ったり口に触れたものに吸い付いたりします。１歳を過ぎるとこうした原始系は識別系の発達によって隠れていきます。識別系とは、子どもがポケットの中をまさぐってハンカチなどを認知するような能力を言います。

通常は識別系が優位に働くことで、原始系にはブレーキがかかり、感覚統合がうまく作動します。ところが原始系にブレーキがうまくかからないと、日常生活の中で触覚に関する異常が出てきます。

歯みがきとか散髪を嫌がるとか、帽子を被るのを嫌がるとか、下着のタグを嫌がるとかです。言葉の出ない子は親の手を摑んで物を取らせようとしたり扉を開けさせようとしたりします（クレーン現象）。自分からは親の手を摑みますが、親が子どもの手を握ろうとすると嫌がります。普通、親が赤ちゃんを抱けば、子どもは抱き返してきますが、発達障害の子は、身体を反らせるように嫌がります。

そして、発達障害の子は、粘土のようなベタベタした物を触ろうとしないという話はよく聞きます。その一方で、（不器用のせいもあると思いますが）手づかみで食べ物を食べて平気でいるという子もたくさんいます。

触覚が過敏である反面、感覚が逆に鈍くなっている子もいます（感覚鈍麻）。打撲や切り傷に対して痛みを感じないために、怪我が大きくなることがあります。自分の腕を嚙むという自傷行為をする子もいますが、これも触覚の異常と関係があるかもしれません。衝動性の強い子は危険を顧みずにどんどん進んで行ってしまいますが、これも痛みに対する感覚鈍麻も関係している可能性があります。

平衡感覚と言えば、フィギュアスケートの選手が高速で回転しても目が回らないことを皆さんは思い浮かべるかもしれません。確かに平衡感覚は動眼系と密接に関連があります。見るという行為は、視覚に入ってきた情報をありのまま受け入れるということだけではありません。何かにフォーカスを合わせて、視野の中の多くの情報からあるものを抽出するという働きがあります。

発達障害の子は、親と目が合いにくいとよく言われます。また公園の全景を描いた絵を見せると、それが公園であると認識できず、ブランコだけに視線が行ったり、遊んでいる子どもだけに視線が行ったりします。何か目標を見つけて歩き出すと、人の足に気づかずに踏んでしまったりします。

また、発達障害の子は、キラキラ光っているものやクルクル回っているものに吸い寄せられるような姿を見せます。これも平衡感覚と動眼系の乱れによって、視軸の中心で景色を見ていないと解釈できます。

また平衡感覚には脊髄系との関連があります。脊髄系とは簡単に言えば、姿勢を保持する働きです。平衡感覚－脊髄系がきちんと働かないと、子どもは身体の軸をしっかりと保つことができなくなります。すると、転びやすくなったり、姿勢が崩れやすくなったりします。発達障害の子は、手先も不器用ですが、身体の軸を保つ運動も苦手です。また普段から背筋を伸ばしたよい姿勢をとることが難しく、一見するとだらしない子とかやる気のない子に見えます。

三つ目は固有覚です。私から読者に問題を出してみます。「目をつぶって、自分の鼻の頭を3回掻いてください」。もちろん、できますよね？　なぜでしょうか？　それはたとえ目をつぶっていても、筋肉・骨・関節がバランスよく肘を曲げ、指先が空中のどの辺にあるのかを理解し、鼻の皮膚を傷つけない程度にやさしく指を動かすことができるからです。つまり人間の内部には固有覚というセンサーがあって、自分の動きの力加減をコントロールしていると考えることができます。

発達障害の子では、この力加減をうまくコントロールできません。物の扱いが粗くなり、乱暴な振る舞いになったりします。ＡＤＨＤの子どもの中核症状は不注意にあると考えられていますが、不注意だから物の扱いが乱暴だという解釈だけでなく、固有覚の異常も関係しているかもしれません。

また逆に子どもの身体の中に入ってくる刺激が不十分だと、もしくはそれを感知できないと、自分から刺激を求めてジャンプしてドスンと着地したりします。空中を飛び降りるときに空気の感触を確認し、着地したときに足の裏に衝撃を感じて楽しんでいると考えることができます。

発達障害の子は自分の身体各部の感覚がバラバラになっていて統合しにくいと言われています。『自閉症の僕が跳びはねる理由』（東田直樹、エスコアール、2007年）によれば、東田さんは「僕が、ピョンピョン手を叩きながら跳びはねる時、一体どんな気持ちだと思いますか？（略）跳んでいる自分の足、叩いている時の手など、自分の体の部分がよく分かるから気持ち良い（略）」と書いています。自分から刺激を求めて、これは手、これは足と納得しているのでしょう。

ここまで三つの「自覚しにくい感覚」について書いてきましたが、最後に一つ、聴覚の問題にふれておきます。これは非常に分かりやすい話です。自閉症の子には耳塞ぎをする子がよく見られます。それは聴覚が非常に過敏なためです。トイレのジェットタオルの音については先述しました。

そのほかにも、掃除機や食器洗浄機、洗濯機などのゴーという音が苦手です。子どもたちが集まったザワザワした音も苦手です。食器のカチャカチャした音が苦手な子もいます。

学校行事では運動会のピストルの音が苦手です。ところが不思議なことに、自閉症児の中には常人離れした絶対音感を持っている子もいるとよく言われます。音を聴き取る能力に長けていて、その好き嫌いがとても激しいのかもしれません。

感覚統合という療育があります

さて、触覚と平衡感覚と固有覚が統合されると子どもにはボディイメージが形成されると言われています。自分のサイズ感、輪郭、位置感覚、手足の伸ばし具合、曲げ具合、体の軸の傾き、身体の力加減。こうしたものがボディイメージです。

人はボディイメージを作ることによって、空間を認知し、必要な情報をピックアップし、運動をし、うまくできればやる気が増し、集中力が高まって、衝動的な言動を抑え、自我を発達させることが可能になります。

発達障害の子に見られるさまざまな特性は、こうした「自覚しにくい感覚」やボディイメージの不十分さによって起きると解釈することができます。

また、発達障害の特性と直接かかわらないのですが、発達障害の子どもたちは体の大きな動きを使った遊びが苦手です。公園にあるような遊具、たとえば、ジャングルジムとかブランコとか滑り台です。少し年長の子では、ボール遊びとかマット運動、自転車、縄跳びなどが上手にできません。学校の授業ではダンスなどのリズム運動がありますが、これも苦手です。

結局のところ、私たちは感覚統合を土台にして生活をしています。触覚・平衡感覚・固有覚に加えて聴覚や視覚が基盤になります。これらがしっかりしていると、自分の体を思うままに動かして姿勢を保ち、バランスをとって、器用に手指を動かすことが可能になります。そしてさらに、コミュニケーション能力や、行動のコントロール、学習力を伸ばすことができます。

ここまで述べてくれば、感覚統合という療育が具体的にどういう手段をとるのか、何となく見えてくるのではないでしょうか？　感覚統合とは目的を持った遊びです。ただしそれは好き勝手な遊びではなく、療育者が指導する目的を持った遊びです。

触覚に問題のある子に対しては、不快な刺激は与えないようにします。その上で、子どもが受け入れられる刺激を与えていきます。ネバネバしたものは苦手なことが多いようですが、サラサラしたものや質感・重量感のあるものは得意だと言われています。こうしたもので子どもの肌を刺激したり、逆に子どもにいろいろなものに触ってもらったり、子どもをマットなどで包んでしまったりします。

平衡感覚の問題に対しては、椅子に座ってもらって回転刺激を与えたり、トランポリンで上下方向に刺激したり、スクーターボードに腹ばいになってもらって前後方向に刺激をいれます。ハンモックに乗せて揺すったり、ぶら下がったタイヤにしがみつかせたり、ブランコに乗せることも有効です。

固有覚とボディイメージに対しては、大きな動きによる運動で改善していきます。ジャングルジムや滑り台、鉄棒を使った運動やトンネルくぐりなどがあります。四つん這いでトンネルをくぐると、手のひらに触覚の刺激も入ってきます。療育施設には大型の三角柱や球形の遊具が用意されており、それをフィールドアスレチックのように子どもによじ登ってもらいます。こうした体を大きく動かす運動が役に立ちます。

感覚統合は、元々はLDの子どもに対する学習として開発されたそうです。それがしだいに応用範囲が広くなって、ADHDやアスペルガー症候群の子にも適用されるようになりました。したがって言葉が出ない子や知的障害のある子には、あまり有効ではないかもしれません。つまり、いわゆる育てにくい子に適しているのかもしれません。

私がイッキ君の意見書を書くときに、言語障害がない、知的障害がないと強調したのは、感覚統合のような体を大きく使ってみんなと一緒に運動をする療育がふさわしいかなと考えたからです。

ＡＢＡやＴＥＡＣＣＨにはそれぞれ得意な年齢や特性の子どもがいるように、感覚統合にもそれを受けるにふさわしい子どもがいると思います。１章で述べたように、療育を受けるときは、障害児相談支援事業所が間に入り、児童発達支援事業所のリストを見せてくれたりします。そのときに、保護者がどこの療育施設がいいのか選ぶのはかなり難しいと思います。

一番重要なことは実際に見学して、話を聞いてみることです。お子さんがやってみようと思える療育でなければ、いつまでたっても始まりません。相談支援事業所の人も助言してくれるでしょう。保護者にしてみれば最初はどういう療育をしているのかなかなか理解できないと思います。私も療育施設選びの相談を受けることがあります。千葉市のすべての療育施設の内容を理解しているわけではありませんが、知っている範囲で助言をしています。

子どもが療育の教室に足を踏み入れられるというのが、最優先です。療育を続ける中で、その狙いがどういうものであるか、ゆっくりでいいから理解を深めていってください。

11章　眠らないリク君

双子のソラ君とリク君

私のクリニックには双子の患者がよく来ます。理由は単純なことで、クリニックの廊下をかなり広く作ってあるため、双子用の横に広がったベビーカーも入ってくることができるからです。

ソラ君とリク君も双子のきょうだいです。ソラ君がお兄ちゃんでリク君が弟です。私が二人に初めて会ったのは今から8年前です。双子のお子さんが予防接種や健診にやってくると、二人の泣き声で診察室はとても賑やかになります。お母さんも子どもを抑えるために大忙しです。お父さんが一緒に来ることもあれば、お祖母ちゃんが一緒に来ることもあります。

ソラ君とリク君は2000グラムを少し超えた体重で生まれてきました。身長も体重も順調に伸びていき、たちまち標準の中に入ってきました。首据わりは4カ月、座位は6カ月、寝返りも6カ月、ハイハイは11カ月。二人とも同じでした。一人歩きは、ソラ君が1歳1カ月、リク君はやや遅く1歳5カ月でした。

1歳8カ月で二人は1歳6カ月児健診に私のクリニックへやってきました。裸にしたときから二人は大泣きでした。身長・体重・頭囲・胸囲を測定し、診察室へ入ってもらいましたが、私の顔を見ると二人はさらに大泣きになりました。

診察の前に私は集団でやってきた健診の問診票のカーボンコピーに目をやりました。ソラ君はすべての項目をパスしており、医師への連絡事項にも「無」に丸がついていました。一方、リク君の方はちょっと違っています。「意味のある言葉が出ますか?」に「いいえ」が付いており、知っているものへの指さしにも「いいえ」が付いています。

しかしそれ以上に気になったのは、医師への連絡事項です。「猫背とお腹の出っ張りがあり、心配されておりますので、よろしくお願いします」と書かれていました。私はこの大泣きの状態で猫背とお腹の膨らみを診察するのは至難の業だと思いました。

それでもなんとか、ソラ君とリク君の順番に、視診・聴診・触診を行いました。1歳半で猫背なんてあり得ませんから側弯症のチェックだけは行いました。お腹の出っ張りで一番こわいのは小児がんです。泣かれるとよく分からないのですが、時間をかけて触診をして明らかな腹部腫瘤はないと判断しました。

「お母さん、二人とも大丈夫だと思います。リク君の背中もお腹も大丈夫でしょう。精密検査は必要ありませんが、気になったらいつでも来てください。それから、二人とも貧血があって千葉県こども病院で定期的に診てもらっているんですね。じゃあ、大丈夫でしょう。うちでも、こども病院でも、いつでも相談してください」

「先生、リクは言葉が出ないんです」

「うーん、そうですね。今は大泣きで表情が読み取れませんが……もう少し見させてください。2歳まで言葉が出なければもう一度受診してくれますか?」

しかしここでいったんソラ君とリク君の受診は途切れます。予防接種が一通り済んだからかもしれません。あるいは、「言葉が出ない」というお母さんの問いかけに私がきちんとした返事ができなかったからかもしれません。しかし実は後で分かることですが、その頃のお母さんは言葉の相談に来るほどの余裕がないくらい大変な状況にあったのです。

「変な子じゃないよ。一生懸命生きている子だよ」

3歳7カ月でソラ君とリク君は3歳児健診にクリニックへ久しぶりにやってきました。そしてこのとき、お母さんの腕には三人目の子、妹のウミちゃんが抱かれていました。ソラ君とリク君はしっかりと育っています。身体測定で泣くようなことはもちろんありません。ソラ君は私の問いに対して名前と年齢をはっきりした声で答えました。診察が終わって次はリク君です。リク君の顔を見た瞬間、私は「あ！」と思いました。視線が合っていないのです。

「お名前は？」

返事がありません。

「何歳？」

そっぽを向いています。私は問診票のカーボンコピーに視線を落としました。病気の欄を見ると、「自閉症スペクトラム　軽度知的障害」と書かれています。私はお母さんに思わず声をかけました。

「お母さん、リク君は自閉症の診断なんですか？」

「そうなんです、先生。あのあと、いろいろあって……」

私はうなずくとリク君の診察を手早く行いました。そして二人に服を着てもらって診察台に座らせ、ウミちゃんを抱っこしているお母さんに話を伺いました。

「どうやって診断がついたんですか？」

「リクはあのあと、夜泣きがひどくなってしまったんです。夜泣きというか、寝ないんです」

「睡眠障害か……」

私は呟きました。

「2歳半頃に話をしないなとはっきり分かるようになりました。その頃から、夜は1時間おきに泣いて起きるんです。スマートフォンの動画を見せたり、ミルクを飲ませたり、一生懸命あやしたりして……ようやく寝たかなと思うと、また1時間後に泣いて起きるんです。それが毎晩毎晩で、延々と続くんです。その頃、私は臨月で下の子がお腹にいて、もういっぱい、いっぱいだったんです」

「それはきついですね」

「私、もう限界みたいになってしまったんです」

「臨月でその状態だったら、ちょっと耐えられないですね」

「そして私……リクを布団の上に放り投げてしまったんです。それで、これはまずいと思いました。このままじゃあ、虐待になっちゃうって。それで保健センターに電話をしたんです」

「ああ、自分からSOSを出したんですね」

「保健師さんが訪ねてきていろいろ話をしたんです。これは単なる夜泣きじゃないって。言葉が出ないことも話したんです。そうしたら簡単な検査もやってくれました。箱を三つ並べて一つに犬のおもちゃを保健師さんが入れるんです。そしてリクに『ワンワンはどこに入っている？』って聞くんです。でもリクは三つの箱を全部ひっくり返してしまって、ちゃんと答えられないんです。保健師さんは、リクは自閉症じゃないかって。私は半信半疑でした」

「それで専門施設を受診したんですか？」

「保健師さんから最初に紹介されたのが、福祉施設の千葉市桜木園です。そこの先生が、言葉が出ないのは聴力に問題があるか言語障害のどちらかだから、千葉市療育センターを紹介しますって。療育センターで聴力の検査をしたんですけど、異常はありませんでした。そして療育センターの先生から、お子さんは自閉症ですって。知的障害もあるでしょうと言われました」

「そうだったんですね。それはつらかったですね」

「私、さすがにショックで泣きました。気づいてあげられなくて……寝ないことにイライラしてあんなことをして、ごめんなさいってリクに謝りました」

「それから療育が始まったんですね」

「そうなんです。療育センターの先生に紹介してもらいました」

「……分かりました。療育を進める中で何か相談ごとがあれば言ってきてください」

自閉症の主治医は療育センターになりますから、私はリク君が風邪などで受診したときに見守ることしかできません。だから、身体的なケアについてはできるだけ役に立とうと考えました。また、療育センターにわざわざ行く程ではない困りごとなら、うちに来て欲しいと思いました。その日の健診はそれで終わりました。

それからしばらくすると、「リクの便秘がなかなか治らないんです」と言って、お母さんがリク君を連れてきました。自宅近くのクリニックで酸化マグネシウムを処方されていたのですが、効果が出ず、排便のときに出血があるとのことです。便秘は私の得意分野ですから、薬の種類を変更して便を柔らかくするようにしていきました。

慢性便秘は簡単には治りません。ヨーグルトや果物ジュースが有効という意見もありますが、それだけで治るということはありません。リク君には1カ月に1回通院を続けてもらい、5歳になる手前でようやく薬を終了できるようになりました。

ソラ君とリク君とウミちゃんは誰かが風邪を引くと三人とも風邪を引きます。ですので、受診するときは三人がいつも一緒です。ところがある日、珍しくリク君が一人で風邪を引いて受診しました。リク君は6歳。半年後に小学校の入学を控えていました。リク君は、私が「胸を開けてね」と言えば、衣服を上に持ち上げて胸を出します。しかし自分からはっきりした言葉は発しません。「んん〜、んん〜」と唄うように音を出しています。それほど多動というわけではありませんが、椅子から立ったり座ったりをくり返しています。

診察を終えたあとで私はお母さんに聞いてみました。

「療育センターには行っていますか？」

「今はもう行っていないんです。療育の教室もあと半年で終わりです」

「そのあとは？　放課後デイに？」

「はい。今、どこへ通うか検討中です。それよりも、学校をどうしようかと」

「身辺のことはできますよね。特別支援学校ではなくて、特別支援級ですか？」

「そうなんです。でも迷っているのは、どこの小学校にしようかということなんです。自宅に一番近いのはA小学校です。そこにも支援級はあるんですけど、ちょっと離れたB小学校に行かせようかと考えているんです」

「と言いますと……」

「やっぱりお兄ちゃんのソラが気にするので。一学年でも違っていれば、同じ学校でもいいかなと思うんですけど、双子なので、同級生になります。一人が通常級で一人が支援級って、本人はどう思うかな？　って。それに友だちから何か言われないかなって」

「ソラ君はリク君のことをどう思っているんですか？」

「複雑みたいです。『どうして違う学校なの？』とか、『なんでこんな子が生まれてくるの？』とか……そういうことを言うんです」

「そうですか。難しいですね。そういうとき、お母さんはソラ君にどう説明するんですか？」

「『変な子じゃないよ。一生懸命生きている子だよ』って。『そういうことはお母さんには言ってもいいけど、外では言わないでね』って」

「6歳だと自閉症のことを理解するのは、ちょっと難しいですよね……」

「B小学校まで遠くて、送り迎えが大変なんですけど、私、少しがんばってみます。ただ、学年が違えばソラとリクは同じ小学校に入ることができたと思うんですよね。きょうだいで、同学年で、弟に障害があると、お兄ちゃんは気を使ってしまうと思います。やむを得ないとは思いますが、少し可哀想です」

きょうだいの学校をどうするかという問題

久しぶりにソラ君とリク君とウミちゃんが風邪で受診しました。診察が終わってソラ君とウミちゃんは診察台に腰掛けて本を読んでいます。リク君は椅子に座ったり立ったりしています。いつものように「んん〜、んん〜」と声を出しています。

「お母さん、リク君は自宅ではどんな遊びをしているんですか？」

「ＹｏｕＴｕｂｅです。スマホで見たり、テレビに接続して見たり。いつも一人で、ずっと喋ってます。唄ったり、笑ったり。それからクレヨンで絵を描くのも好きですね。だけど紙がないとパニックになりますけど」

「きょうだいで遊ぶことは？」

「ソラはリクの面倒を見てくれますよ。一緒に遊んで。でも、リクはおもちゃを破壊しちゃったりするんです。分解してどうなっているのか知りたいんだと思います。でも、それでリクはソラに怒られちゃうんです」

「それでは二人ともストレスがたまっちゃいますね。外では遊ばないんですか？」

「みんなで公園とか行くんですけど。リクは迷子になってしまうんです。とにかく目が離せなくて。怖い思いもしたみたいで、車をすごく怖がるんです」

「それじゃあ、外遊びもストレスですね」

「そうなんです。ソラと妹のウミが可哀想なんです。構ってあげられなくて。だから自閉症の子が遊べる施設があればいいなって思うんです。大人たちがみんなで自閉症の子どもたちを見てくれて、私がリクを見ていなくても大丈夫な場所なら、ソラもウミも楽しいと思うんです」

「そうですねえ。確かにそういう場所ってないかもしれませんね」

「いつもリクのことを見ていて神経が休まらないんです。そうすると、きょうだいに手をかけられないいんです。それが負い目になっています。公園に行くのも段々少なくなってきて」

お母さんは切なそうな表情になりました。

「今の最大の心配はなんですか？」

「やっぱり先のことです。中学校です。中学になると、支援級がある学校の数が減るので、さすがにソラとリクは兄弟一緒に地元のC中学校に行くことになると思っているんです。そのときに、ソラがどう思うのか、本人に聞いてみたい気持ちがあります。でもそれ以外の選択肢はないいんです」

「中学と言えば思春期ですから、ただでさえ難しいですよね」

「そうやって考えていくと、この先どうなってしまうのかなって不安はあります。大人になってから……。でも、やっぱり診断を受けたときがどん底でした。今は、やるしかない。生きていくしかないって考えています」

「そうですね。できる準備は少しずつして。立ち入るような話ですが、療育手帳は取りましたか？」

「はい。桜木園の先生に、『もし嫌じゃなかったら、考えてみたら？』と言われて」

「手帳を取得するのを嫌がる人もいますが、取っておいた方がいいと思います。税金の控除とか交通費の割引とか。小さな金額でも将来の蓄えになります」

療育手帳の申請は区の保健センターに提出します。すると児童相談所で知能検査を受けることになり、IQが70未満だと知的障害と判定されます。そして障害の程度によって、特別児童扶養手当などが支給されることになります。

「はい。そうしたいと思います」

「放課後デイは、行っていますか？」

「ええ。そこの施設はしっかりしている所で、療育も続けてもらっています」

「何かあったらぜひ相談してください。ぼくに分からないことがあっても、相談できる開業医の仲間もいますから」

「はい、ありがとうございます」

療育センターへの通院をやめているとすると、リク君に関わることができる医者は私だけということになります。これからもリク君の家族はいくつかのハードルを越えていかねばなりません。そのサポートができればいいなと思いながら、私は電子カルテに向かってタイプする指に力を込めました。

12章　きょうだいという難問

親は障害のある子にかかりっきりになりがちです

　ソラ君とリク君の何とも言えない微妙な関係を見ていると、障害を持った子のきょうだいには大変難しい問題があることがよく分かります。これは発達障害の子の問題に限らず、どんな障害児でもそうですし、また難病の子でも同じような問題があります。

　いわゆる、きょうだい問題はかなり以前から小児医療の世界では問題提起されてきましたが、現在に至るまで十分な支援がなされていないのが現状です。その最大の理由は、きょうだいは健康なので、医療機関を受診しないからです。つまり医療者は、健常児の世話が手薄になり、きょうだいの関係が微妙なものになるといった諸問題に対してほとんど無力かもしれません。それでも何か支援できることがないか、問題点を洗い出しながらこの章で述べていきたいと思います。

私が研修医だった頃、千葉市で難病の子を治療できる病院は千葉大学医学部附属病院（以下、大学病院）しかありませんでした。大学病院は子どもの入院にあたって親の24時間の付き添いを要しました。したがって、患児にきょうだいがいる場合、いったい誰がきょうだいの面倒を見るのかが家族の負担になっていました。そしてきょうだいは、やむを得ず母親と引き離されて生活を送るケースも多々ありました。たとえば、小児がんの治療は約2年かかりますから、2年間遠くの親戚に預けられた子もいました。

こうした場合、きょうだいは、母親に対して恋しい気持ちと同時に「見捨てられた」という思いを持ったりします。2年の闘病が終わって家族がまた一緒に暮らせるようになっても、きょうだいの関係はギクシャクしたりします。また、きょうだいは母親に対してストレートに愛情を表現できなかったりします。

私が医師になって2年目に千葉県こども病院が完成しました。こども病院は、親の付き添いはありません。面会に行くことでしか子どもに会うことができません。きょうだいの面倒を見てくれる親族がいない場合は、患者家族はこども病院への入院を選択していました。私もこの病院で働いた経験がありますが、きょうだいが面会にやってくる場面にはかなり痛々しい光景がありました。

病棟の入り口には鍵のかかるガラスドアがあって、面会に制限がありました。親は当然面会可能でしたが、子どもは感染症を持ち込む可能性があるため面会は許されていませんでした。母親が病棟の中に入って行って患児と面会している間、きょうだいは泣きながらガラスドアに張り付いていることがよくありました。きょうだいがいるホールには、ソファもなければ絵本や遊具などもありませんでしたから、子どもは泣くだけでした。

私はこういう光景を見て、大学病院よりかはましかもしれないけれど、きょうだいの心には傷が残るのではないかと思わずにいられませんでした。

障害のある子、難病の子がいると、親はどうしてもその子にかかりきりになります。それはやむを得ないことだと思います。そして、きょうだいは疎外感を味わいます。このことは、大学病院とかこども病院のような大病院の中だけの話ではありません。家庭の中でもまったく同じであると私は感じます。

家庭の中でも疎外感を味わうきょうだいは、皮肉にもケアの担い手として働かされることがあります。障害の種類によってはそれなりにいろいろな手がかかる子がいます。こうしたとき、きょうだいは親を手伝ってケアに参加し、それが常態化してケア要員にくみこまれてしまうこともあります。

そして同じ理由で、家事にも参加させられます。もちろん子どもが家事を手伝うのはとてもいいことですが、遊びの時間を奪われるほど家事に時間を取られるのは少し不合理です。疎外感を味わいたくない子どもは、ケアや家事に積極的に参加したりしますが、その心境には複雑なものがあるでしょう。そうした生活が続いていけば、その子は不公平な扱いを受けていると思うようになるかもしれません。

ソラ君、リク君、ウミちゃんは、土曜日の午後になると一緒に机を囲んで勉強をする時間を持つそうです。リク君は簡単な学習帳に取り組みます。しかしそれでもリク君は集中できず、立ち歩いてしまうようです。そうすると、ソラ君はおもしろくありません。自分だけ「勉強しなさい」と言われることが、どうしても不公平と感じてしまうそうです。

きょうだいを等しく公平に育てることは、どの親でも必ず考えることでしょう。育児の基本と言ってもいいと思います。しかし障害児・病児のいる家庭ではそれが容易に崩れたりします。

不公平な思いをしているきょうだいは、「自分は愛されているのだろうか？」という深刻な疑問を持ちます。そういう心理ではケアにも家事手伝いにも心が入りません。きょうだいの障害児に対しても微妙な気持ちを抱えたりします。親は、不安になった子どもの心の隙間を愛情で満たしてやる必要があります。

そのためには、「きょうだいの日」を作ってやることが大事です。障害児が家を離れている時間帯を上手に使ってください。ショートステイ（レスパイト）や放課後デイなどの時間をうまく利用するのはどうでしょうか？ 公的機関に預けられないときでも、今日は半日実家に預けるなどの工夫をして、きょうだいのために遊んでやって欲しいと思います。

きょうだいにも説明することが大事です

また、きょうだいの中には、自分に自信を持つことのできない子、自尊心が育っていない子がいます。それは、いつでも障害児を最優先し、自分のことは後回しにするという習慣がついてしまっているからです。きょうだいは、障害児のことをかわいそうだと思っていますので、自分だけがいい思いをすることに罪悪感を覚えるのです。

たとえば、経腸栄養で特殊ミルクの注入を受けている障害児を前にして、きょうだいは自分だけがケーキを食べることに申し訳ない気持ちになったりします。せめて、何かきょうだいで一緒に遊べる遊具を手にしたときは、まっさきに障害児に与えようとします。自分は一歩引いてしまうのです。

また、知的障害児のきょうだいは、自分だけが勉強ができることにうしろめたさを感じます。自分だけ勉強ができて、自分だけがいい思いをすることに、きょうだいは自分をうまく肯定することができません。この状態が長く続いていくと、自尊感情が育っていきません。

子どもの自尊感情を育てるのは、親にしかできない仕事です。障害児のケアはいろいろと大変ですが、それでもかかりっきりということはないはずです。機会を捉えて、きょうだいのいい面を褒めて強化してください。ケアや家事を手伝ってくれたらそれを褒めるし、それ以外のときでも、きょうだいを認めて肯定の言葉を伝えてください。ケアや家事のときだけ褒めると、それだけが強化されるので、よくありません。

きょうだいが障害児であるためにつまらない思いをする子もいます。自分の弟や妹の誕生を待ちに待った子が、きょうだいに障害があると分かってがっかりと落ち込んでしまうことがあります。それまで学校で「弟（妹）が生まれるんだ！」と自慢していたのが、誕生を境に急に口をつぐんでしまう子がいます。

こういう子は、心の中に悲しみと同時に、「なんでそんなふうに生まれたんだ」という怒りの気持ちを持っていたりします。この悲しみと怒りを解きほぐすのは容易ではありません。これを解決するためには、障害のことをきょうだい本人にしっかりと説明する以外に方法はありません。

目に見える障害は最初からしっかりと説明しておくべきです。専門用語を使わずに両親の言葉で障害を伝えてください。幼稚園児と小学生では理解度も異なりますから、十分に言葉を練ってください。では、知的障害のような目に見えない障害の場合はどうすればいいでしょうか。

それも可能な限り言葉にするべきです。知的障害という言葉は使わなくても、「1歳のときに赤ちゃん、2歳のときに1歳、3歳のときに2歳みたいに育ちが遅いんだよ」のように言葉にして説明してください。そのときに、リク君のお母さんのように「でも、一生懸命生きている子だよ」とポジティブな言葉も付け加えることはとてもいいことです。ぜひ、そういう言葉を添えてください。

きょうだいが、障害児の大変さを理解できれば、悲しみとか怒りは、時間はかかるにせよ少しずつ消えていくはずです。障害や病気の告知は、本人に対してもきょうだいに対してもとても重要なことです。私たちの文化ではこうした告知を避ける傾向がこれまでずっとありました。しかし最近の小児がん医療では、がんの告知は常識になっています。うそやごまかしは、いつか必ずばれます。ばれれば子どもは傷つきます。上手に障害や病気を教えてやってください。

イジメられたら、言いつけよう

数年前に日本小児外科学会で、大ベテランの先生が「障害児が生まれると家族はバラバラになり、きょうだいはイジメに遭う」と発言して会場がしーんとなったことがあります。あまりにも強い決めつけの言い方だったからです。生命倫理学者の玉井眞理子先生（信州大学）は、障害児が生まれると三つの迷信が生まれると言いました。

1 お金がかかる
2 親亡き後に行き場がなくなる
3 きょうだいがイジメに遭う

玉井先生は、これら三つの話はすべてウソと言っています。1、2については本書とは論旨が異なりますので、ここでは触れません。3のきょうだいがイジメに遭うというのは本当でしょうか？

　この問題に関しては、文科省の統計などを調べても、「障害児のきょうだいがイジメに遭う」という数字は浮かび上がってきませんでした。イジメの原因は複合的で簡単に一口で説明できるようなものではありません。「障害児のきょうだい」という理由でイジメが行われることはもちろんあり得ると思いますが、「きょうだいに障害児がいない」とイジメに遭わないと考えるのは、当然のことながら無理があります。

『発達障害のある子どものきょうだいたち』（吉川かおり、生活書院、2008年）によれば、知的障害を伴う自閉症児のきょうだいにアンケートをとったところ、424人中、34名（8・0％）が「いじめ・からかい」で嫌な思いをしたと回答しています。質問の趣旨は嫌な思いの有無ですので、「いじめ・からかい」の正式な実数ではありません。

　8・0％という数字をどう評価するかは難しいと思います。文科省・国立教育政策研究所の2013年から2015年のデータを見てみると、小学4年生から中学3年生までの6年間に「仲間はずれ・無視・陰口」を受けた経験のない人は、9・6％に過ぎないという報告があります。約90％の子どもが被害に遭っているわけですから、8・0％というのは、観察期間が同じであればずいぶんと低い数字になります。無視はできませんが、きょうだいに障害児がいれば必ずイジメに遭うと決めつけるのはよくないでしょう。

　ただ、この問題は大変デリケートで、「障害児のきょうだい」を持つとイジメられるのではないかと心配する親やきょうだいは実際には多いと推測されます。イジメは悪ふざけとの線引きが難しく、からかい程度のことからエスカレートしていくことが往々にしてあります。大事なことは、イジメられた子どもが親や教師に初期の段階でＳＯＳを出すことです。つまり「言いつける」ことが防御策として重要になるのです。

告げ口をためらう理由は、このことがさらなるイジメを招くと恐れるからです。確かに私たちの社会には、告げ口はカッコ悪いみたいな風潮があります。しかしこれは改めていく必要があります。大人の世界でも日本は内部告発の少ない文化があります。不正義に対しては、それをきちんと大人に報告するんだと、親は子どもに教えていくべきです。

初期で芽を摘めば、「あいつに何かするとチクられる」と周囲は嫌がらせをやめる可能性が高いと言えます。障害児をきょうだいに持つ子は、前述したように親に対して複雑な心境を抱いているかもしれません。「どうせ自分なんか大事にされていない」「自分はイジメられてもしかたない」と自尊感情が育っていないと、自分は罰を受けてもやむを得ない存在と考えてしまったりします。

親子の間でコミュニケーションをしっかり取って、親が愛情を伝えたり、子を肯定する態度を普段からとっておき、言ってみれば「告発する力」を育てておくことが大事です。

私はこれまで多くの障害児を持つ家族を見てきましたが、障害児を授かるということは、家族の力が試されることだとも感じました。イジメに対しては家族が団結して対応することが何より重要でしょう。

きょうだい問題と少しずれますが、障害児自身がイジメに遭うことは多いのでしょうか。知的障害のある子に関しては、それほど多くないようです。文科省の資料を見ると、特別支援学校の中でのイジメは、存在はしますが、通常級よりも少ないことが報告されています。

問題がより難しいのは、通常級に在籍する、障害児に見えないタイプの発達障害児です。すなわちアスペルガー症候群やＡＤＨＤの子どもは周囲から障害児と認識されておらず、教室内で多くのトラブルを起こし、問題児と見なされていることがあります。その結果、イジメの対象になる可能性があります。毎日新聞の調査結果は8章で説明しました。

障害を持った子の教育の場は、14章で後述するように通常級か特別支援級（学校）かさまざまです。ただ、共通することは、健常児と障害児の交流が大事だということです。こうした接点を利用して、健常児にも障害のある子の存在を教えて、障害児には特別な助けが必要であるということをしっかり教育することが重要です。そうした教育が実れば、障害児のきょうだいがイジメに遭うこともなくなるはずです。

家族の力が問われる

ここまで障害児や病児をきょうだいに持つ子どもについて、少し負の部分にフォーカスを当てて述べました。しかし、当然のことながら、そうではない子どももたくさんいます。そうした統計的な分析については、前述の『発達障害のある子どものきょうだいたち』に詳しく載っています。

障害児をきょうだいに持つことは、負の部分だけではありません。私は以前に人工呼吸器を付けて自宅で寝たきりの子の家族に長期にわたって、聞き取りをしたことがあります。印象的だったのは、その家族の団結力が強かったことと、障害児の姉（当時は高校生）がとてもしっかりしていたことです。

姉は実年齢に比して精神的な成熟度が高いことがとても目立ちました。きょうだいの存在を恥ずかしいとはまったく思っておらず、大切な家族の一員として思いやっていました。そして将来の夢を語ることができて、自動車運転免許を取って自分が運転し、家族全員で旅行がしたいという言葉には頼もしさがありました。恋人像についても語っていました。もし好きな人が現れたら真っ先にきょうだいのことを教えるそうです。それで拒否反応を示す男だったら、即刻相手にしないそうです。こうした考え方は、将来の結婚観にもつながっていくと思います。

また、この姉は自分のきょうだい以外の障害児に対してもとても優しい子でした。物心ついたときから、きょうだいが障害児であったこと、そして両親が障害のある子を大切にしていたことが、姉に非常にいい影響を与えたのだと私は感じました。

くり返しになりますが、障害児を授かるということは、家族の力が問われるということです。その問いに対して家族は自由に解答することができます。障害児を家族に持ったことで、そのことを非常にネガティブに語る人がいることを私はよく知っています。しかし、障害児の存在によって家族が強くなった例をそれ以上にたくさん私は見聞きしてきました。

わが子に発達障害があると分かったとき、親はそのことを受容するのに時間がかかることでしょう。しかしそれを乗り越えたときは、次のステップとして家族の力を一段階強くすることを目指してほしいと思います。

13章　食べないミキちゃん

5歳半でオムツをはいたまま

5歳半のミキちゃんが私のクリニックを受診しました。大柄なお父さんが椅子に座り、ミキちゃんはお父さんに抱っこされています。かたわらにお母さんが背筋を伸ばしてスッと立っています。

私は問診票に目を落としました。3カ月前からミキちゃんは便秘だそうです。立ったままオムツに便を出すと言います。5歳半でオムツ、そしておとなしくお父さんに抱っこされている姿。私はミキちゃんに「こんにちは！」と声をかけてみましたが、返事はありませんでした。私に対して関心がないというような表情です。

お母さんが説明してくれました。

「ミキは自閉症なんです。こだわりが強くて、うんちをしないと決めるとなかなかしないんです」

「ああ、そういうことですね。これまではどこのクリニックで診てもらっていたんですか？」

お母さんの答えは、千葉市から遠く離れたX市のクリニックでした。

「え、そんな遠くから来たんですか？　大変だったでしょう？　これまではどういう便秘対策をしてきたんですか？」

私はお母さんから話を聞いて、少し便秘の治療を整理してみることにしました。

「飲み薬は酸化マグネシウムの1種類に絞りましょう。夕食の後に飲んでください。寝ている間に便が緩くなります。翌朝、朝食を食べると大腸が反射で動きますので、その反射を利用して柔らかい便を出すのです。ただ、ミキちゃんは、こだわりがあるから我慢してしまうかも。そのときは、座薬を入れてください。そして最低でも二日に1回は便を出してください。便を出させないと、便が出る子になりません。まず、2週間やってみましょう」

それから2週間後、ミキちゃんは両親と共にクリニックにやってきました。前回と同じように、お父さんに抱っこされています。

「どうですか？　酸化マグネシウムを飲んでみて？」

お母さんが答えます。

「やはり座薬を使わないと出ないんです。二日に1回座薬を入れています。でも座薬を入れれば必ずうんちは出ます」

「それはいいですね、とにかく出すことが大事です」

「はい、食べる量も少し増えました。便が出ているおかげだと思います」

「ところで、地元で療育は受けていますね？　今、年長さんですから小学校のことも考えていますね？」

「はい。療育は通っています。月に1回、個別と集団でやってもらっています。主に言葉と運動の療育です。進路については特別支援級か、支援学校か迷っています」

「どちらがいいとは一概に言えません。支援学校には支援学校のよさがあります。何と言ってもお子さんをよく見てくれます。そういう部分が手厚いんです。ミキちゃんにふさわしい学校を選んでください」

私は、今度は4週間分の薬を出しました。

その次にミキちゃんが受診したときも、三人は同じ配置でした。ミキちゃんはしっかりとお父さんに抱っこされています。

「その後の経過はいかがですか？」

今日もお母さんが答えます。

「同じなんです。二日に1回座薬を入れて出しています。と言うか、座薬で出すことにこだわっているようなんです。毎日夕方、5時になると座薬を入れてって言うんです」

「う〜ん、そうですか。ミキちゃんのこだわりですね。だけど、出ないよりぜんぜんいいですよ。健常児のお友だちでも、頑固な便秘があって二日に1回座薬で出している子はたくさんいます。こだわりをむりに変える必要はありませんから、出すことができればよしとしてください」

「分かりました。続けてみます」

一時、「退行が始まって、つかまり立ちもできなくなりました」

私はがらりと話を変えました。

「ところでミキちゃんはどういう経緯で自閉症の診断がついたんですか？　1歳6カ月児健診や3歳児健診で分かったんですか？」

「ミキは1歳半のとき、まだ歩かなかったんです。ハイハイができて、ようやくつかまり立ちという感じです」

「言葉は何個くらい？」

「出ませんでした。指さしもできませんでした」

「じゃあ、それで専門施設に紹介になって？」

「いえ、そのときは、かかりつけの先生に様子を見ようと言われたんです」

「そうなんですね。ではどうやって診断が……？」

「長い話なんですけど……。1歳10カ月のとき、急にミルクを飲まなくなってしまったんです。それまでは離乳食のほかにミルクを２００㎖飲んでいたんですが、急に70㎖に減ってしまったんです。おかしいと思っていたら、もう、ゼロになってしまいました」

「急にガクンと減ったんですね？」

「そうなんです。体重も減りました。痩せてしまって成長曲線の正常値からも外れてしまいました。おまけに離乳食も自分から食べようとしないんです。両手をダラリと下げてしまって動かさないんです」

「それはあまり聞いたことのない症状ですね」

「ですから私が食べさせていました。この頃から退行が始まって、つかまり立ちもできなくなりました。２歳２カ月の頃です。かかりつけの先生は、これは大きな病気かもしれないと言って、Ｘ総合病院の小児科に入院の手はずを整えてくれました」

「Ｘ病院の先生はどういう診断でした？」

「いろいろな可能性があるって仰っていました。脳の異常かもしれないし、染色体の異常かもしれないし、腕を動かさないので筋肉の病気かもしれないと。だから血液検査はもちろん、脳のＭＲＩも撮って、染色体の検査もやりました。レット症候群かもしれないとも言われました」

「レット症候群……腕に力が入らないからですね。つかまり立ちができなくなったことも考慮したのでしょう」

「でも、結局、いろいろな検査をしても何も異常が見つからなかったんです。入院中、ミキはぜんぜん食べなくなって、私はスポイトを使ってテルミールという濃厚流動食を口に入れていました」

「その間、ミキちゃんは腕をダラリと？」

「そうなんです。毎回30分かけて飲ませていました」

「では、ぜんぜん事態が改善しませんね？　それでどうしたんですか？」

「小児科の先生が、大学病院の小児外科の先生に相談したんです。小児外科の先生が診察をしてくれて、二つの方法があると。一つは鼻から十二指腸まで栄養チューブを入れて、そこから栄養を入れるという方法です。もう一つは手術で胃瘻を造って、胃瘻から栄養を入れるという方法です」

私も大学病院で小児外科医をやっていた頃は何度も胃瘻を造ったので、その説明は分かるなと思いました。お母さんが続けます。

「でも鼻からチューブを入れてもおそらく抜かれてしまうだろうという理由で、胃瘻の手術をやることに決まったんです」

「そうなんですね」

「ところが手術予定日の5日前に、ミキは病院食を急に食べ始めたんです。それで手術は中止です」

「じゃあ、それがきっかけで退院に？」

「そうです。でも、退院してからも、スポイトでテルミールを飲ませていました。原因不明のまま退院して、X総合病院の外来に通院していたところ、大学病院から小児神経が専門のベテラン先生が来てくれたんです。その先生にこれまでの経過をすべてお話ししたら、その先生は、ミキは自閉症だと言うんです」

「そうでしたか。食べないのは極度の偏食だったのかもしれませんね。自閉症の子に偏食はよく見られますが、ここまで食べない子は珍しいですね。手をダラリは？」

「先生が仰るには、手の感覚過敏だろうと。手に物が触れるのがイヤだったのでしょうと言われました」

「じゃあ、ようやく診断が付いたんですね？　それが……」

「2歳7カ月です」

「つらかったですね」

「自閉症と言われたときは、つらかったと言うよりも、腑に落ちたという感じです。ある意味で安心しました。これで対策が立てられると思ったんです。知的障害のことも言われましたが、がんばればいつかは追いつけると考えることができました」

私はうなずいてお父さんに尋ねてみました。

「ご主人も同じ気持ちでしたか？」

お父さんは優しい表情でミキちゃんを抱っこしたまま「ええ」と答えました。お母さんが言葉を繋ぎます。

「苦しかったのは入院中です。この入院生活がいつまで続くのかと不安でしかたありませんでした」

私はつい話が長くなってしまったことにふと気づき、薬を処方して「のんびり通ってください。またお話を聞かせてくださいね」と言って、その日の診療は終わりにしました。

自閉症の子って少しずつ変わっていくんですよ

その後も親子三人は4週ごとにクリニックに通ってくれました。便秘に関しては同じパターンが続いていました。便を出さないことにもこだわりなら、夕方5時に座薬を入れて便を出すこともこだわりのようです。

私はミキちゃんが退院してから現在まで食のこだわりがどうなっているのかを聞いていなかったことに気づいて、次回の受診時に聞いてみようと思っていました。そしてまた受診日がやってきました。

「お母さん、退院後、ミキちゃんの食事はどうなったのですか?」

「スポイトでテルミールを飲ませるのは……1年4カ月くらい続きました。それがあるとき、いきなりレーズンパンを食べたんです。そして少しずつ、スプーンや、フォークやコップに手を伸ばすようになりました」

「では、スポイトは終わったんですね? 自閉症の子って少しずつ変わっていくんですよね。こだわりも変化していきますよね」

「自閉症の診断が付いて療育も始めました。療育手帳も申請できると知って保健センターに行きました。そうすると、児童相談所が千葉市にあるのでそこへ行ってくださいと言われて、知能検査を受けました。知能指数は35から50という判定でした」

「中等度ですね。では療育手帳も交付されましたね」

「そうなんです。3歳、4歳の頃はいろいろな面で大変でした。食べるようにはなったんですけれど、決まった食器を使うとか、食べる順番を決めているとか、こだわりが強かったんです。診察室で暴れることもありましたし、療育の母子分離のときに2時間半暴れたこともありました」

私はその言葉に少し驚きました。おとなしくお父さんに抱っこされているミキちゃんとあまりにもイメージが違うからです。

「そして5歳になって、この子は言葉が出るようになりました」

「そうなんですね。ぼくの外来に来たときは、落ち着いてきた頃だったんですね」

「ええ、その代わり便秘になってしまって」とお母さんは笑いました。

「特別支援学校を選びました」

「ところで学校は決めましたか？」

「就学相談に行ったら、この子は支援学級がいいのではと言われたんです。でも、夫婦でよく考えてみて、特別支援学校を選びました。春から支援学校に行くつもりです」

「そうですね。焦る必要はありません。オムツも取れて、発達が伸びていけば、途中から支援級に移行してもいいのですから」

「はい。今はこれでも成長したと思います」

私はお母さんに聞いてみました。

「自閉症のお子さんを育てる上で何が一番重要だと思いますか？」

「待つことではないでしょうか？　私たちはそう思います」

信じること、そして待つこと。それは確かに親にしかできないことかもしれません。私はミキちゃんが一番大変だったころを見ていませんので、両親の本当の苦労は理解していないかもしれません。今後私にできることは、排便の自立を手伝っていくことです。ご夫婦が焦らず待ち続けたように、私も長期戦で粘り強く診療していこうと思いました。

それからさらに8週後、ミキちゃんの一家がクリニックにやってきました。今日のミキちゃんはお父さんと手をつなぎながら自分の足で歩いています。そしてお父さんに促されて一人で椅子に座りました。

「お、ミキちゃん今日は抱っこじゃないね」

お母さんが「ほら、言ってごらん」と声をかけます。ミキちゃんは私の方を向いて、

「おねがいします」

と、たどたどしく言いました。

私は少しうれしくなって「こちらこそ」と返事をしました。

14章 学校の選び方とソーシャルスキルトレーニング

小学校には3種類あります

発達障害の子が就学にあたって、親がどの学校を選ぶかは大きな問題です。ミキちゃんの両親のように、もっとも目配りが行き届いた学校から始めたいと考える人もいますし、通常学級に強くこだわる親がいることも、また現実です。障害者を取り巻く社会はノーマライゼーションの流れに乗って、社会の分断が解消の方向に向かっています。これと同じ流れで、教育もインクルージョンという考え方が強くなってきました。インクルージョン教育とは障害児が健常児と共に学ぶ教育のことです。

私もインクルージョン教育という考え方に賛同する部分がとても大きいのですが、以前、人工呼吸器を付けた子に密着して特別支援学校を訪問したことで考え方が少し変わりました。確かに肢体不自由の子どもは、段差などをなくして通常級に行く方がいいと思いますが、重度心身障害の子どもが通常級に行って、楽しい毎日を過ごせるのか大変強い疑問があります。

特別支援学校には、そうした障害児を見る（教育する）プロが揃っていますから、支援学校に通った方が、本人にとって得るものは大きいと感じます。知的障害を伴う自閉症の子どもでも、学習上あるいは生活上の著しい困難がある場合、やはり支援学校の方が、手厚く支援を受けられるはずです。

ですが、こうした価値観は親によってさまざまで、健常児に交わることによって知的障害児も伸びていくと信じている親もいるようです。「とりあえず、通常級に行ってダメだったら支援級に移る」という考え方もあるようですが、これでは本人の自尊感情を傷つける可能性があります。子どもにとってどの学校が最も幸せかを、親のつごうや面子にとらわれないで考えることが重要だと思います。

小学校の種類を簡略にまとめてみます。

- 通常級　　1クラス40人（1年生は35人）　担任の資格は教員免許

・特別支援学級　1クラス8人　担任の資格は教員免許
・特別支援学校　1クラス6人　担任の資格は特別支援学校教員免許

障害のある児童一人ひとりには「個別の教育支援計画」が作られます。これは、ほかの関係機関との連携を図るための長期的な視点に立った計画です。ほかの関係機関とは、教育のほかに、医療・保健・福祉・労働などです。以前は特別支援教育を受けている児童にのみ作成されていましたが、現在は、通常級に在籍している児童でも、自閉スペクトラム症、ADHD、LDのある子には保護者の同意を得て計画書が作られます。つまり生涯にわたる支援の引き継ぎ書のような役割を果たします。

通常級に関しては特別に説明は要らないと思います。小学校によっては、校内に特別支援級が併設されていて、通常級では学習についていけない子が在籍することになります。

特別支援学校は、通常の学校とまったく独立した学校で、「知的障害」「肢体不自由」「病弱教育」「視覚障害」「聴覚障害」の分類があります。

特別支援級は、通常の学校の中にありますので、支援級と通常級の交流があります。たとえば、給食交流が週に何度かあります。そのほかにも、運動会・校外学習・宿泊学習・その他の総合学習（田植えとか稲刈りなど）でも交流があります。また、教科によっては、通常級で授業が受けられます。

通常学校と特別支援学校との交流は、小学校によってあったり、なかったりします。交流を実現させるためには、学校を行き来する安全対策、交通費、学校行事の調整など難題がいくつもあるといいます。したがって、交流を行うためには前年度からの綿密な打ち合わせが必要になり、交流を経験したことのない学校にはハードルが高いと聞きます。

発達障害の子が特別支援学校に通う最大のデメリットは、やはりこの点にあると私は思います。自閉症の子は友人を作ることに関心がないとの指摘もありますが、社会に背を向けて生きていくことはできません。いつかは学校も終わって社会に旅立っていきます。そういう観点からも、健常児と障害児の交流は非常に重要ですから、国・自治体はしっかり学校に予算を付けて、特別支援学校の生徒が孤立しない仕組みを大切に考えて欲しいものです。

学校の選び方について

では、具体的にどのような過程を踏んで、小学校を選ぶのでしょうか? 千葉市を例にとってその流れを説明します。これは全国でもほとんど同じだと思います。

まずお子さんが、年長さんのときの6月頃、保護者を対象とした就学説明会が開催されます。この会の開催については市政だより・養護教育センターのホームページ・ポスター（幼稚園・保育園・療育センター・保健福祉センターなど）で告知されます。

対象になる子どもは、発達障害・知的障害・聴覚障害・視覚障害・肢体不自由・病虚弱・言語障害（構音障害・吃音）です。

この説明会のときに、希望者は個別相談の申し込みを行います。個別相談は親子で参加し、通常級・支援級・支援学校のどこを就学先とするか相談します。また学校に配慮して欲しいことがあれば伝えることができます。

そして支援級や支援学校に就学したい希望がある場合、就学指導委員会において専門医の意見を聴くことになります。審議結果の通知は秋頃になります。就学時健診を11月に受けます。

12月以降、就学先が決定されます。本人・保護者の意向を最大限尊重しつつ、教育委員会が本人の障害の状態、教育的ニーズ、専門家の意見等を勘案し、総合的に判断します。

この後は、学校説明会で入学後の支援のあり方について学校側と話し合い、入学となります。

「本人・保護者の意向を最大限尊重しつつ」という言葉が入っていますので、発達障害の子どもは極論を言えば、どれほど障害が重くても通常級に行くことができます（ただし、気管切開をしているなど、医療的ケアが必要な子はさすがに「総合的な判断」の比重が重くなります）。

くり返しになりますが、保護者は子どもの利益を最優先に考えてください。食事・排泄・着替え・意思の疎通……こうした身辺の行いが自立できていない子はやはり特別支援学校に就学し、学習や生活の困難を克服するための教育を受けた方がいいでしょう。身辺自立ができても通常の学習に明らかについていけない子は特別支援級に就学することが、発達障害の子を伸ばすことになるというのが私の考えです。

たとえば、親切にする訓練

特別支援教育の場で行われていることの一つに、ソーシャルスキルトレーニング（SST）があります。

SSTとは、発達障害を持った子どもたちが社会の中で生きていくために必要な技術を習得するトレーニングのことです。

これまで見てきたように、発達障害とはコミュニティーで発生する障害です。相手の気持ちをくみ取ったり、自分の考えを上手に伝えたり、他人を尊重したり、自分の欲求を我慢して譲ったり、自分が所属する集団のルールに従わなくてはトラブルになります。

発達障害の子は、そういったルールを自分から自然に学んでいくことが苦手です。そこで社会的なスキルを練習していくわけです。実際のSSTのやり方はさまざまですが、その中でも特徴的なものは絵カードを使ったロールプレイです。実例を挙げて説明しましょう。

最初の絵を見てください。この絵を使って「友だちに親切にする」という練習をします。

困っている友だちから「助け」を求められれば、誰でも行動を起こせるでしょう。しかし、友だちが一人で途方に暮れているときに、自分から「助け」てあげることは発達障害の子には難しいのです。そこで「親切にする」というトレーニングをやってみます。先生と児童の会話

を想定してみましょう。
先生が「この絵はどんなことを表していますか？　教えてください」と切り出せば、以下のように会話が進んでいくでしょう。
児童「うーん」
先生「お友だちが教科書を忘れて困っているところだね。こんなときはどうしたらいいかな？」
児童「ええと、ええと」
先生「教科書を忘れてしまったら、授業が受けられないね。こういうときは助けてあげると、友だちも喜ぶよね。君が困っているときに、友だちに助けてもらったらうれしいよね？　だから困っている人には親切にしようね」
児童「はい」
先生「では、友だちが、教科書忘れちゃった、と言ったら君はどうしますか？」
児童「見せてあげます」
先生「そうだね！　えらいよ！　じゃあ、親切にするところを練習してみよう。先生が友だちの役になって、教科書忘れちゃったと言うから、君は、一緒に見ようと言ってください」

ここでロールプレイを行います。

先生「あ、教科書、忘れちゃった！」
児童「一緒に見よう」

役割を交代してロールプレイをやってみます。

児童「教科書、忘れちゃった」
先生「一緒に見よう」
児童「うん」
先生「一緒に見ようって言われてうれしかった？」
児童「うれしかった」

謝る練習もしてみましょう

では、もう1枚の絵でさらにロールプレイをやってみましょう。
次の絵では「謝る」というマナーを練習します。

社会生活で他人に迷惑をかけたら口に出して謝ることが大切ですが、発達障害の子はその言葉が出なかったりします。

先生がまず切り出します。

先生「この絵を見てください。どんな内容ですか？」

児童「……」

先生「歩いているときに、お友だちの筆箱を落としてしまったところだよね。こういうときは、どう言いますか？」

児童「……」

先生「人に迷惑をかけたときは、ごめんなさいと言いましょう。君の筆箱が友だちに落とされたら怒ってしまうよね。でも、ごめんなさいと言われたら、どうかな？　仲直りできるかな？」

児童「仲直り、できます」
先生「じゃあ、迷惑をかけたときは、どう言いますか?」
児童「ごめんなさい」
先生「そうだね！　よく言えたね！　じゃあ、練習してみよう」

ここでロールプレイを行います。

先生「君が、先生の筆箱を落としました」
児童「ごめんなさい」

役割を交代してロールプレイをやってみます。

先生「先生が君の筆箱を落としました。ごめんなさい」
児童「いいよ」
先生「仲直りしてくれるかな?」
児童「はい」

最後にフィードバックを行います。
ロールプレイが上手にできたら、そのことを先生は褒めます。「○○ができてよかったよ」と具体的にいい点を指摘して、児童にタッチしたり、笑顔をたくさん向けたり、あるいは記録帳にシールを貼ったりします。このことによって成功体験が強化されます。上手にできないことがあっても、叱ったりはせずに、「次は○○をがんばってみよう」と児童を勇気づけます。こうしたフィードバックが次のステップにつながっていきます。

また、SSTは教室の中だけでできても意味がありません。異なった場所、異なった時間、異なった人間との間でも社会性を発揮できることがゴールです。したがって、教育機関と家庭は密接に連携を取る必要があります。教室でやっているSSTを家庭でもできるように、スキルを広げていくことが重要です。

以上で、SSTのイメージはつかめたでしょうか？　もちろん、絵カードの種類はいくらでもあります。さまざまな状況で、さまざまなスキルを磨くために、あらゆる場面を想定することが可能です。

また、絵カードのほかにも、少人数でゲームを行うことで、「先生の指示を聞く」とか「自分の順番を待つ」ことなどを学ぶことができます。ゲームには必ずルールがあり、また集団で行うことで、「ルールを守る」ことや「協力する」ことや「相手の気持ちを考える」ことを学ぶことができます。

ＳＳＴは特別支援教育の場のほかにも、療育施設や病院などでも行われることがあります。また、もちろん、家庭でも行うことができます。

15章　座っていられないシン君

「シン！　座りなさい！」


　4歳10カ月のシン君が風邪を引いて私のクリニックを受診しました。年末に近い頃です。私が肺の音を聴診している間はおとなしくしていましたが、私がパソコンに向かって電子カルテの操作を始めると、椅子をガタン、ガタンと鳴らします。処方を考えながらタイピングを続けていると、今度は私の診察机の引き出しを上から順番に開けていきます。

「シン君、落ち着きがないね」

　私はちょっとたしなめるように言いました。すると私の言葉にお母さんがすぐに反応します。

「先生、そうなんです。落ち着きがなくて困っています。いつもチョコチョコ動いているんです」

私は「前からそうだっけ？」と言いながら、電子カルテを過去に向かってスクロールしていきました。3歳児健診の記録を見ると、「特に問題点はなし」になっています。ADHDのチェックボックスにもチェックは入っていません。

さらに過去に遡って1歳6カ月児健診を見てみます。言葉も出るし、指さしもできる。お友だちと遊ぶこともできるし、困ったときはお母さんに助けを求めることもできる。こだわりはないし、同じことをいつまでもやっているということもありません。

「そうですね。まあ、いつも元気な子とは思っていましたが、特にこれまで……あれ！　シン君！」

振り向くとシン君は診察室の片隅の超音波装置のキーボードやダイヤルをいじっていました。

「触っちゃダメだよ。使えなくなっちゃうから！　シン君、座って！」

「シン！　座りなさい！」

「確かにちょっと多動ですね」

「私のしつけが悪いんです。いつも姑さんに怒られています」

「ま、そういう風に決めつけないでください。ところで、シン君は幼稚園の……年中さんですよね？　幼稚園ではどうなんですか？」

「先生からは元気な子って言われますが、元気すぎる子って困ったように言われたこともあります」

「大きなトラブルになったことは？」

「それはありません」

「分かりました。男の子は大なり小なり、こんな感じです。でもやはりちょっと多動な面が気になります」

「大丈夫なんでしょうか、うちの子」

私はシン君の目を見て聞きました。

「シン君、おとなしく座っていられる？」

「座っていられる」

「幼稚園はどう？」

「楽しい。みんなと遊んでる！」

シン君は人懐っこそうな表情でそう答えました。私はお母さんに声をかけました。

「年長さんになったら一度相談にお見えになってください。今日のところはいいでしょう」

それから割とすぐにシン君はインフルエンザに罹ってクリニックにやってきました。このときはさすがに元気がなく、椅子におとなしく座っていました。しかし検査のために鼻の奥から鼻水をぬぐい取るとシン君は大泣き大暴れで地団駄を踏みました。お母さんと多動の話はしませんでした。

「できたね」って褒めるんです

そして年度が替わり大型連休も終わってから、お母さんはシン君を連れてきました。問診票にはひと言「多動について」と書いてあります。

シン君は例によってガタン、ガタン、と椅子を鳴らしています。

「お母さん、その後、シン君の落ち着きはどうですか?」

「先生、それがいろいろあって。この間、お友だちを突き飛ばしてしまって、その子、膝を擦りむいてお医者さんにかかったんです。私たち夫婦でそのお宅に謝りにいきました」

「そうなの!?　シン君」

「忘れちゃった!」

シン君はそう言って、椅子からジャンプするように飛び降りると、私の背後に飾ってある木製の電車のおもちゃを触り始めました。

「忘れちゃった、じゃないでしょ！」

シン君はお母さんの怒った声を無視しています。

「そのほかに幼稚園ではどんな感じですか？」

「小さいことを言えばきりがなくて……お友だちのハサミとかを取っちゃうとか、絵本の読み聞かせの時間に立ち歩いちゃうとか、列を守れなくて喧嘩になっちゃうとか。シンは悪い子なので、お友だちから無視されたりするそうなんです」

「無視ってそれはちょっとしたイジメじゃないですか？」

「でもシンは懲りない子で、すぐに自分から遊ぼうって輪に入っていくので、すぐに仲直りしちゃうって先生が言っていました」

「幼稚園で課題はちゃんとできますか？」

「絵を描くのがとても下手なんです。初めは意欲満々で描き始めるんですけど、すぐに線がふにゃふにゃに曲がってしまって、一本の線を真っ直ぐに描くことができないんです。色塗りも描くうちにどんどん雑になって、できあがりを見るとよく分からないものになっているんです。本人もそれが分かっているのか、かんしゃくを起こして紙をくしゃくしゃにして持って帰ってくるんです」

「分かりました。お母さん、ＡＤＨＤっていう言葉知っていますか？」

「はい。ネットでも何度も調べました。でもシンは私のしつけが悪いんです」

「いや、そう決めつけないで。しつけが悪いと思い込むと、シン君に怒鳴ったり叱ったりがエスカレートして、シン君に心のストレスをかけてしまう可能性がありますよ。叱らないで、教えて、諭すんです」

「でも、言うことを聞かないんです」

「いや、いや。教えるって時間がかかるんです。叱ってばかりだと、シン君は自分に自信を失ってしまいます。自分はダメな子だと思うようになってしまうかもしれません。シン君にもできることはたくさんありますよ。そういう部分をお母さんがしっかり見てやって、いい部分を褒めて伸ばしてください。シン君を否定しないでください」

「でも褒めるところってあるのかしら？」

「いや、いや、いや。ありますよ。必ずありますから。できることを褒めて、できない部分を『こうしよう』って教えていくんです。できないことがあって苦しんでいるのはシン君かもしれないですよ」

「ちょっとパパとも相談してみます……」

お母さんは少し暗い顔になりました。

「ご主人は何て言っているんですか？」

「お前が甘やかすからだって」

「いや、いや、いや。そういうことじゃありません。シン君はできないから自分に自信がないんです。だからよけいに投げやりになるんです。甘やかすのとは別に、シン君に自信を持たすようにして欲しいんです」

「でも、先生、強く言わないと、おもちゃなんか床一面に広げて私が怒鳴っても片付けようとしないんです」

「そういうときはお母さんが片付けを手伝ってください。一緒にやって手助けをしてやるんです。それでもできなかったら、おもちゃの最後の一個をシン君におもちゃ箱にしまわせてください。そして『できたね！』って、それを褒めるんです。それが成功体験です」

お母さんはちょっと目を丸くしました。

「そんなこと、思いもつきませんでした……少し考えてみます」

「お母さん、もう少し集団生活を見守りましょう。秋になったらクリニックにまた来てください。年齢的にＡＤＨＤの診断が正式にできるかもしれません」

「分かりました。またお伺いします」

シン君は「じゃーねー、バイバイ！」と言うと走って診察室を飛び出していきました。

ＡＤＨＤの診断方法

それからシン君とお母さんがクリニックにやってきたのは秋を過ぎて冬に入ってからでした。私はお母さんにＡＤＨＤとはどうやって診断するかを説明しました。

「ＡＤＨＤは血液検査とか脳の画像検査をしても診断はつきません。シン君の日常をよく知っている人が、質問用紙に答えてもらうことで診断がつきます」

私はＡ４の紙に印刷された２枚の質問用紙を取り出しました。質問内容は同じです。ただ冒頭に「家庭版」と「学校版」と印刷されているのが違いです。質問は全部で18問。たとえば、こんなことが書いてあります。

○学業において、綿密に注意することができない、または不注意な間違いをする。
●手足をそわそわと動かし、またいすの上でもじもじする。
○課題または遊びの活動で注意を集中し続けることが難しい。
●教室や、その他、座っていることを要求される状況で席を離れる。

○は不注意に関する質問です。●は多動性―衝動性に関する質問になります。
「お父さんとお母さんで相談して1枚の紙に答えを書いてきてください。そしてもう1枚は幼稚園の先生にお願いして書いてもらってください。2週間くらいでいいでしょうか？完成したら、受診はしなくていいので、クリニックの受付に持ってきてください。私が点数化しておきます。質問用紙を返して頂いてから1週間後にお母さんだけでいいので、受診してくださいね。シン君は今日は……あれ？　どこに行っちゃった!?」

シン君はもう診察室にいませんでした。お母さんは「分かりました」と言って帰っていきました。


3週間後にお母さんが一人でクリニックを訪れました。

「先生、結果はどうだったでしょうか？」

「ちょっと待ってください。イエスかノーかのどちらかで結果が出るわけではありません。まずこの絵を見てください。正規分布と言います」

私はそう言って、メモ用紙に、滑らかな山の曲線を描きました。

「横軸はADHDの強さを表しています。縦軸はそういったお子さんの人数です。ちょうど山の頂点にあたる部分、ここが点数の平均です。そういうお子さんが一番大勢いるわけです。それで、山の両端、つまり極端にＡＤＨＤの傾向が弱い子と、極端にＡＤＨＤの傾向が強い子が5％くらいずついます。ＡＤＨＤの傾向が強くてそれが全体の5％に相当するというのは、ほぼＡＤＨＤと診断して構わないと思います」

「じゃあ、うちのシンはどうでしょうか?」

「三つの要素で評価します。不注意の要素と、多動性―衝動性の要素と、それらの合計の点数です。シン君は自宅でも幼稚園でも、三つの要素すべてで傾向が強い方の5％に位置しています」

「そうなんですね」と言ってお母さんは黙り込みました。そしてためらうように、「でもそう思っていました」と呟きました。

「お母さん、ＡＤＨＤで一番大事なことは診断を付けてあげることなんです。だからお父さん、お母さんがＡＤＨＤという診断を受け入れてください。シン君がＡＤＨＤと分かれば、周囲との関わり合いも変化していきます。前にも言いましたが、シン君の困っていることを、お母さんや周囲が理解してやってください。親しい周りの人がシン君の苦しみを理解しないと、シン君は本当につらい思いをしますから、自尊感情が育ちません。

それからシン君に、自分は困っていると感じていることを自覚させるのです。自分はいまこんなに困っている。それはなぜだろう。それはADHDという特性があるからだと気づかせるのです」

しつけが悪いからではありません

「先生、ADHDは治るんでしょうか?」

「お母さん、申し訳ないけど、治るという言葉はあまり使わないんです。発達障害の一種ですから、これは生まれつきなんです。何度も言いましたが、お母さんのしつけが悪いせいではありません。治らないけど、うまくADHDの特性に慣れていくことはできるはずです。シン君が自分の行動の結果どうなるかに気づき、いけないなと思えば自分の行動を修正できます。できないことを減らして、できることを増やしていくのです」

「そんなふうになるのでしょうか?」

「ある先生は、一つ叱るときは、八つ褒めなさいと言っています。いいところを見つけて伸ばすんです」

「シンは確かになにもかもうまくいかなくて、かんしゃくを起こすことがあります。そういうときはとてもつらそうです」

「いまの段階でできることはたくさんありますよ。まずは療育ですね。私が意見書を作って、それを持って療育施設に通うことができます。でももうすぐ小学生ですね。そうしたら放課後等デイサービスというのがあります。そこで、療育を受けることもできます。

それから学校はもうすでに決まっていますね。もし学校でどうしてもしんどければ、通級と言って、週に1～2回、別の学校に通って、通常級でしっかり学べるように、できない部分を強くしてもらうこともできます。ソーシャルスキルトレーニングで社会的なスキルを練習することもできますよ」

「シンも伸びていくのでしょうか？」

「子どもは伸びます。治療の目標を見誤らないことが大切です。不注意や多動や衝動性を消すことが目標ではありません。シン君が、いま自分はどうしたらいいかということに気づいて、それを実行していく力を付けていくことが大事なんです」

「先生、そんなことができるんでしょうか？」

「ほっといて自然にできる……なんてことはありません。家族の力と本人の力が大事です。あとは私もサポートします。私以外に児童精神科の先生をもう一人の主治医にするのもいいでしょう。その場合、私が紹介状を書きます」

「今はまだ自信を持つことができません。もう少し具体的な目標が欲しいです」

「では、まず、この用紙を渡しますね」

私はお母さんに『子どもの日常生活チェックリスト』という紙を渡しました。この用紙は一日の振り返りを4段階で自己評価するものです。

- 登校前
- 学校
- 放課後
- 夕方
- 夜
- 全体の行動

について数項目ずつ日常生活をうまく過ごすことができたかのチェック表になっています。

「これをコピーして使ってください。シン君がどれだけ伸びたか分かりますし、伸びたと分かればシン君の自信になります。このチェック表を目標にしてがんばることもできると思います」

「分かりました。シンのためにがんばってみます」

私は、シン君が小学生になって大型連休が終わったあたりで一度受診してくださいとお願いしました。環境が変わると、シン君の行動もまた変わっていく可能性があります。シン君が自分の特性を理解して、環境に合った行動が取れるようになることを、これからも支援していこうと私は気を引き締めました。

16章　ADHDの子をどう育てるか

ADHDは三つの症状から成り立っています

シン君の例で見てきたように、ADHDは三つの症状から成り立っています。

- 不注意（集中力がない／忘れ物が多い／飽きっぽい／物をなくす／細かいことに気付かない／整理整頓ができない／学校に遅刻する）
- 多動性（席に座っていられず立ち歩く／じっとできない／貧乏揺すりをする／手足を常にいじっている／授業中でも物音を立てる／おしゃべりが止まらない）
- 衝動性（人の話を最後まで聞かずに喋り出す／順番を待てない／列に割り込む／思いつきで行動した

り話し出す／道路に急に飛び出す／高い所から跳び下りる）

最も基本になる主症状は不注意で、その結果、多動性や衝動性が表れると考えられています。したがって、不注意のみの症状の子も存在します。こういうケースでは、ADDという診断名になります。ADHDは男児に多いことが分かっていますが、女児ではADDが目立つと言われています。

ADHDはこれまでに何度も述べてきたように先天性の脳の疾患です。成長に従い、本人が自分の特性を理解することで問題となる行動は減って社会に適応しやすくなっていく傾向はありますが、ADHDの特性は残ることになります。

脳の前頭葉のうち前頭前野という部分に異常が生じていると考えられています。神経細胞と神経細胞のつなぎ目をシナプスと言います。シナプスでは神経伝達物質（たとえばドーパミンとかノルアドレナリン）が放出されて、神経の情報を次の神経細胞に伝えます。ADHDの子どもは、これらの神経伝達物質が少なくなっている、つまり神経の情報の流れが止まっていると理解されています。

この結果、たとえばワーキングメモリが減少します。ワーキングメモリとは、作業記憶と言ってもいいでしょう。脳の中の短期的なメモ帳のような役割を果たします。お母さんに「明日の時間割を合わせておいてね」と言われても、短期記憶の容量が小さいADHDの子どもは、すぐに忘れてしまいます。そうすると、言われたことを守れなかったり、適切な行動が取れなくなります。こうしたメカニズムがADHDの根本にあります。

ADHDの子を育てていく上で、最も大事なことは診断を付けてやることです。では、逆に正しい診断を付けないとどうなるか考えてみましょう。

子どもの自尊感情を傷つけてはいけません

まず、子どもの内面で起こっていることを見ていきます。図の下段に示しました。子どもは不注意のために、忘れ物をしたり、机の周辺を散らかしたり、学校に遅刻したりします。教師からはくり返し叱責されます。また、教師から保護者に連絡が行って、保護者からも注意されたり叱られたりします。その結果、子どもの自尊感情は傷ついていきます。「ぼくはダメな人間なんだ」「何もできないヤツなんだ」と自分を否定していきます。

このため、不安障害や適応障害になる可能性があります。抑うつ状態からうつ病になる可能性もあります。

さらに別の可能性として、親から十分な愛情を受けずに育つと愛着障害になる可能性も

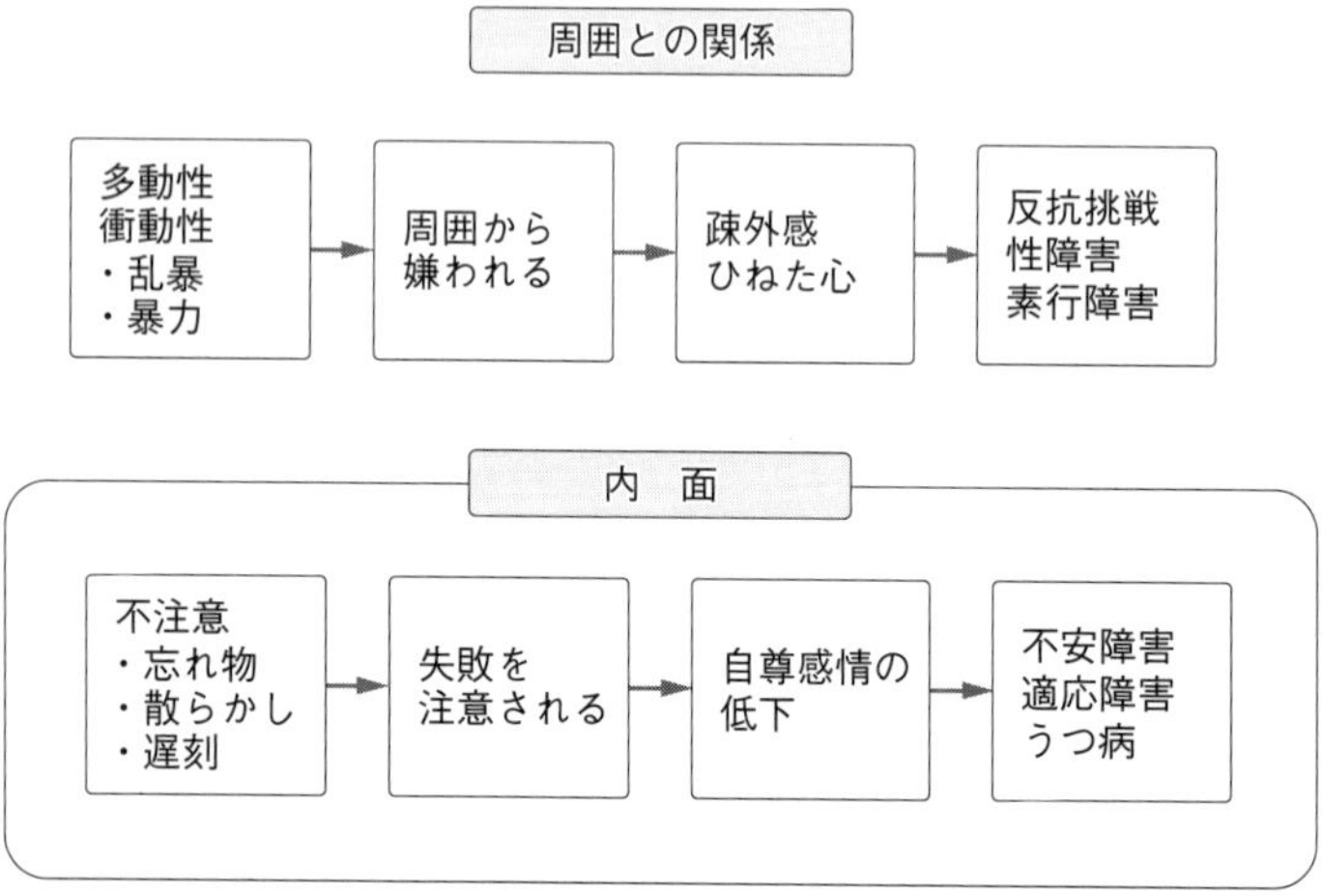

あります。愛着障害は育て直しが非常に困難で、愛着障害となって大きくなった子は対人関係にさまざまな困難を抱えることになります。

一方、周囲との関係を見てみましょう。多動性や衝動性のある子は、粗野な振る舞いをしたり、他人に暴力を振るったりします。こうした子は当然のことながらみんなから嫌われることになります。仲間はずれにされたり、あるいはイジメに遭うかもしれません。その結果、本人は疎外感を持ち、「ぼくのことを誰も分かってくれない」「みんなで仲間はずれにしやがって」「どうせ自分はみんなの嫌われ者だ」と、ひねくれた心を抱いていくようになります。

こうした心理が高じると、反抗挑戦性障害

や素行障害になるかもしれません。反抗挑戦性障害とは、周囲の大人や教師の指示を無視したり拒否したりして、反抗的・挑戦的な行動を取る状態です。これがさらに進むと素行障害になり、物品の破壊、動物の虐待、周囲への暴力、虚言、窃盗などの反社会的な行動を取るようになります。

また、周囲との関係に嫌気がして、不登校・家出・引きこもりになることもあります。

以上の内面的な障害や周囲との問題行動は、すべてＡＤＨＤの二次障害と呼ばれるものです。自閉スペクトラム症でも同様ですが、いったん二次障害になるとその治療は極めて困難になります。二次障害に陥らないために最も大事なことは、早期に診断を付けてやり、本人に自分の特性を理解させ、また、周囲の大人もその子の特性をよく理解することです。

先回りして成功させてあげましょう

そして「褒めて育てる」ということを育児の基本にします。叱っても何ら問題の解決にならないばかりか、子どもの心に負荷をかけます。こう言うと、「褒めるところが見つからない」とか「それって甘やかしでは」と親からよく言われます。そうではありません。

褒めるためには、子どものいい点・できる点を見つけるということも重要ですが、できない点に関しては親が手伝ってやればいいのです。片付けができない子に最後の1個のおもちゃをおもちゃ箱に入れさせるのがその例です。できるように誘導し、そしてできたら褒める。それが子どもの自信になります。またできるように誘導すること自体がソーシャルスキルトレーニングにもなります。

学校への持ち物の忘れ物チェックはなかなか大変です。すべて親がやってしまえば、進歩がありません。最初は親が手伝いながら、しだいにできるようになったら、あとは親は見守るだけでいいでしょう。そのためには、教材を整理しておくことが大切です。一つ棚を用意して、フォルダを並べておきます。フォルダの名称はそれぞれ、国語・算数・理科・社会……です。一つのフォルダに教科書・ノート・プリントを入れておきます。

一目で分かるように整理しておけば、親は時間割を読み上げるだけで、子どもはフォルダから必要な教科書やノートを取り出せるでしょう。ここでも子どもに成功体験をさせることで自信が育っていきます。

ADHDの子はワーキングメモリの容量が少ないと言いました。それでもあらかじめ一日のスケジュールを教えておくことは重要です。発達障害の子は先の見通しがつかないと不安になります。そしてADHDの子どもは、注意力が散漫であるために、一日の生活のリズムが保てません。実行すべきルーティンを作って、毎日同じスケジュールを反復することが大事です。また、予定を伝えることで失敗体験が減ることが期待できます。あとになって失敗したことを叱るのではなく、先回りして成功体験を味わわせてやるのです。

自宅で宿題をやるときも、なかなか集中できないでしょう。まずやるべきことは環境整備です。学習机の周囲はできるだけシンプルにします。余計なものは子どもの目に入らないように片付けてしまいます。殺風景な空間を作ってください。

椅子にじっと座っていられない子に対して30分勉強しなさいと言っても、それは難しいことです。こういうときは、「自由時間を保証」します。「30分、外遊びしてもいいよ。そのあとで宿題やろうね」「30分、タブレットとゲームをやってもいいから、終わったら宿題ね」というふうに、約束した事実を作っておきます。時間が来たら、「約束の時間だよ」と学習机に誘導してください。勉強ができたらカレンダーにシールを1枚ずつ貼っていくというように、子どもの達成度を目に見える形で評価してやることがモチベーションの向上に大変役立ちます。

また「散らかすことを保証」するという発想も大事かもしれません。たとえば、居間や子ども部屋の一区画を（たとえばビニールシートを敷いて）散らかしていいスペースにします。この区画の中ならば、「いくらおもちゃを広げてもいいよ」と自由を与えるのです。逆に言えば、それ以上に無制限に広げることを禁じるのです。

子どもに指示を出すときは簡単明瞭にします。語りかけるように具体的に伝えます。大声で命令するのはよくありません。子どもが萎縮します。

「〇〇ができたら××していいよ」などのように条件を提示するのもいいでしょう。あるいは、「〇〇と△△のどちらがいい？」と本人に選ばせると、自分から積極的に行動を起こすきっかけになります。「〇〇しちゃダメ」と禁止の言葉で指示を出すより、「そうではなく、△△してみよう」と代替の肯定の言葉で指示を出してください。それによって子どもは指示に従ってみようという気になります。

生活指導によってＡＤＨＤの特性が消えることはありませんから、ここまではＯＫ、ここから先はＮＧと線引きをすることによって、子どもにストレスをかけず、そして何かを達成させるという考え方を持つのがいいでしょう。

上手に褒められない親のためのトレーニング

ＡＤＨＤの子を褒めるということが、やはり難しいと感じている保護者は、一度ペアレント・トレーニングを受けるといいかもしれません。このプログラムは親のためのものです。褒めることが難しく、つい叱ってしまうと、子どもの問題行動はさらに悪化します。

問題行動が悪化すれば、親はさらにきつく叱ってしまいます。いわば悪循環になります。その悪循環を断ち切り、子どもに自己肯定感を持たせることで親子の日常が円滑に回っていくように親をサポートするのがペアレント・トレーニングです。このプログラムは、地域の児童相談所・発達支援センター・病院などで随時開催されています。インターネットで検索して調べてみてください。

ペアレント・トレーニングは通常、スモールグループで行い、全部で5〜10回くらいのセッションで成り立っています。そのすべてをここで紹介することは不可能ですが、要点だけ書き出してみます。

子どもを褒める・叱るの基本原則は、4章で書いたABC分析に基づくABAと同様です。重複する部分もありますが、以下に述べていきます。

まず、ABCとは次の三つです。

- 先行状況（Antecedent）
- 問題行動（Behavior）
- 結果（Consequence）

ADHDの子どもの問題行動を減らすためには、まず、先行状況を改善することが有効なケースがあります。たとえば、子どもの持病の喘息の定期受診でクリニックに行くとします。クリニックは予約制でネット予約を入れると順番が表示されます。順番が近づいてきたのでクリニックに行ってみると、待合室には予想以上にたくさんの子どもがいます。何十分も待っているうちに子どもは飽きてしまって待合室の中を走り回ってしまい、周囲の保護者から白い目で見られ、クリニックのスタッフからは注意されます。

こうしたケースでは、先行状況を工夫します。たとえば、クリニックにお気に入りの本を持って行くとか、クリニックに電話を入れて事情を話し、午前中の最後に予約を入れてもらうことで、先行状況が変わり、子どもの問題行動も解消されることが期待されます。

一方、親が子どもを怒鳴ってしまうという結果を変えることが、ペアレント・トレーニングの最も重要な点です。結果を変えるためには「注目」という力が重要になります。4章で書いたように、人は注目を浴びればうれしいものです。さらに褒められればもっとうれしいものです。大人だってうれしいのですから、子どもであればなおのことうれしいのは言うまでもありません。

そして、この注目という言葉をさらに深く分析してみると、注目には2種類あることに気づきます。一つはもちろん褒める注目ですが、叱る・怒鳴る・ため息をつく・顔をしかめるのも注目です。私たちは子どもに対して、この二つの注目を普段からやっています。

子どもを褒める材料はたくさんあります

しかしながら、褒める注目というのを私たちはあまり上手にやれません。子どもがきょうだいと仲良く遊んでいたら、そのことを褒めるでしょうか？　多くの人は、心のなかで「おとなしく遊んでくれてうれしいな」「仲良くて助かったな」と思っても、それを口に出すことはほとんどないと思います。

つまり、ADHDの子どもを「褒めて育ててください」と言っても、たいていの保護者は「そんな部分はありません」と言ったりしますが、実はそうではないのです。褒める部分はいくらでもあります。こういうときに「褒める注目」をすることが肝心なのです。

ところが、きょうだいで喧嘩が始まったら「何やっているの！」「喧嘩しちゃ、ダメでしょ！」とすぐに「叱る注目」をしてしまうのが普通ではないでしょうか。「叱る注目」はADHDの子どもの自尊感情を傷つけ、問題行動のさらなる悪化につながりかねず、親子関係も悪くなって悪循環に拍車をかける怖れがあります。

また、どうやったら褒めてもらえるか分からない子どもは、わざと問題行動をして「叱る注目」を浴びようとするかもしれません。たとえ叱られても、子どもは親から注目されたいのです。

では、これらの問題をどうやって解決したらいいでしょうか？

まず、親御さんは、自分の子どもの

・好ましい行動
・好ましくない行動
・許し難い行動

の三つを書き出してください。どんなものがありますか？

・好ましい行動　　＝椅子に座って食事ができる
・好ましくない行動＝食事中おしゃべりが止まらない
・許し難い行動　　＝妹に向かっておもちゃを投げつける

好ましい行動は、増やしたい行動でもあります。褒めるのはもちろんのこと、同意したり、関心を示したり、感謝の気持ちを伝えたり、親が子どもに肯定的な注目をしていることを、子どもが分かるように伝えてください。

好ましくない行動とは、少なくしていきたい行動です。これに対する最大の対応は「注目しない」という態度を示すことです。無関心を装うのです。親はつい否定的な注目をしてしまいますが、それは問題行動を強化するだけです。無視して改善されるのを待ちます。待った結果、問題行動が改善されたら（たとえば、食事中のおしゃべりが止まったら）、そこですかさず褒めます。無視というのは、行動を無視するのであって、子どもの人間性を否定することではありません。

そして、許し難い行動ですが、これに関してはペナルティーを考慮します。妹におもちゃを投げつけたのであれば、おもちゃを一時没収します。時間を破ってゲームで遊んでいたならば、ゲームの使用を（たとえば）30分禁止にします。ルール違反があったときに、その行為に関連した物品を取り上げます。

さらにルール違反が自分や他人を傷つけるような深刻なケースでは、4章で書いたようにタイムアウトを用います。くり返しになりますが、タイムアウトを体罰にしてはいけません。体罰は虐待です。決して子どもに恐怖や苦痛を与えてはいけません。タイムアウトとは反省するための時間を作ることです。

褒めて育てるということのイメージが段々ついてきたでしょうか？　褒めるコツは、当たり前のことを子どもがやっていても、その行為を肯定的に注目することにあります。一例を挙げてみましょう。

1　明日の時間割を思い出したら褒める

「時間割を合わせることを思い出したのね、えらいね！」

2　自分の部屋に向かったら褒める

「時間割を合わせに行くのね」

「もう始めたの？　えらいね！」

3　ランドセルを開けて不要な教科書を出したら褒める

「明日はどんな授業があるの？」（関心を示す）

「ちゃんとできているね！」

「今日は国語があったんだ」（関心を示す）

4　時間割を見て教科書を選んだら褒める

「フォルダからちゃんと選べているね！」

「ちゃんとやってくれるから、お母さん、助かる」（感謝を伝える）

5　ランドセルを机の上に置けたら褒める
「自分でできたね！」

「一人でできるようになったんだ」（感嘆する）
6　ハンカチを机の上に置けたら褒める
「そこに置いておけば忘れないよね」（同意する）
「準備がすべてできたね！　えらいよ！」

いかがでしょうか。子どもには褒めるべき点がたくさんあると気づくのではないでしょうか。これはペアレント・トレーニングの一部ですから、本格的にプログラムを受けてみたい方は、ぜひ積極的に行動してください。

ＡＤＨＤと薬について

最後にＡＤＨＤの薬物療法について説明しておきます。

ＡＤＨＤと診断された子で6歳以上になると薬物療法（内服薬）を受けることができます。日本で保険適用になっているのは、コンサータ、ストラテラ、インチュニブの3種類

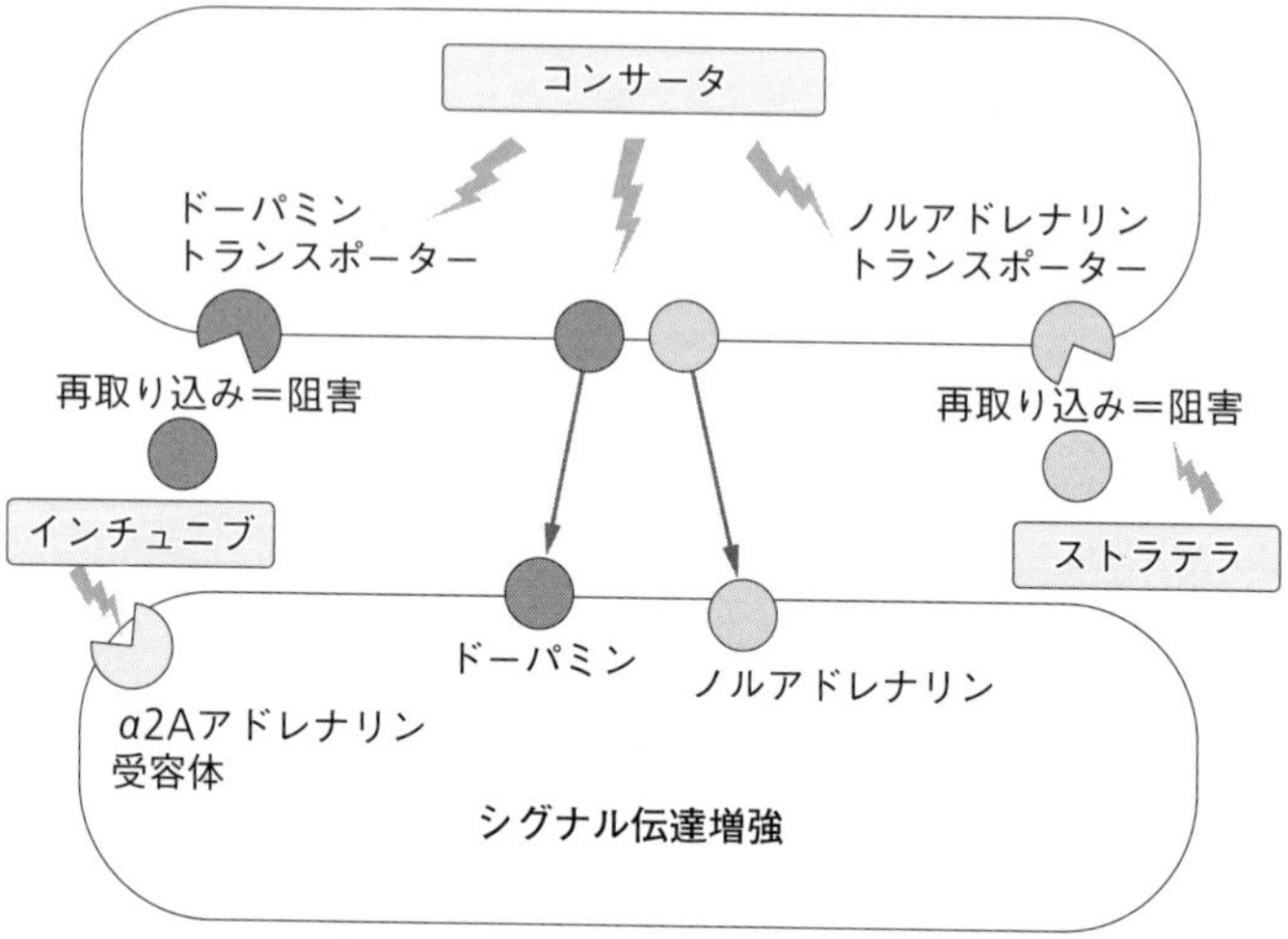

です。２０１９年12月にはビバンセという薬剤も保険適用され発売になりました。

以下に薬の作用機序を説明しますが、ビバンセはコンサータと同様であると考えてください。

コンサータは、神経細胞に働いて、神経伝達物質のドーパミン・ノルアドレナリンの放出を促します。またこれらの物質はトランスポーターに取り込まれることで濃度が減少していきます。ところが、コンサータにはドーパミン・ノルアドレナリンの再取り込みを阻害する働きがあるので、濃度を高いままに維持できます。この結果、神経細胞から神経細胞へ、シグナルが伝わっていきます。

ストラテラは、少し限定的に働きます。ノルアドレナリンがトランスポーターに再取り込みされることを阻害します。この結果、ノルアドレナリンの濃度が高いまま維持されますので、シグナルが増強されます。

インチュニブは、前述の二つの薬とは働きかたがまったく異なります。α2Aアドレナリン受容体に働きかけることによって、アドレナリンの刺激が来ているような状態を作り出します。これによってシグナル伝達が増強されます。

薬の効き方には個人差がありますが、効果的な子どもの場合、集中力が増して、授業中座って先生の話を聴けるようになったり、遅刻や忘れ物が減ったり、整理整頓や列を守ることができるようになったり、衝動的で乱暴な振る舞いが減ったりします。しかし、保護者によっては、薬で脳の働きを変えてしまうことに抵抗感を覚える人もいるかもしれません。

ただし、

- 症状が重篤
- 日常生活が困難
- 著しく学習が困難

・自尊心の著しい低下
・級友との関係がうまくいかない

こうしたことに、本人が苦しんでいるのであれば、薬物療法の適応と言えます。周囲の大人が本人の同意を得ずに薬を飲ませることはできません。子ども自身が薬を飲んで、いまのつらい状態を脱したいと思うことが、内服を始める理由として最も大事です。

副作用として以下のものがあります。

・コンサータ……食欲低下・不眠症・体重減少・頭痛
・ストラテラ……頭痛・食欲減退・眠気
・インチュニブ……傾眠・血圧低下・頭痛

コンサータの食欲低下は高頻度に見られます。体重減少を来した場合、投薬は継続できません。インチュニブはかなりはっきり眠気が出ますので、最初は週末だけに3〜4週間くらい内服してもらい、眠気が消えてきたら毎日の内服に切り替えます。

これらの薬を飲んでもＡＤＨＤが治るわけではありません。つらい状況が改善される薬です。かと言って、いつまでも飲み続けるわけでもありません。症状が軽快したらいったん止めてみても構いません。

ＡＤＨＤは、学校というルールの遵守が求められる場所での障害と言えます。病名が確定したら学校との連携は欠かせないものになります。少しでも授業に集中できるように、そして友人関係がうまくいくように先生方に配慮してもらうことが大切です。十分な支援を受けてください。また、通常級に在籍したまま通級を利用する方法については次章で説明します。

これまで自閉スペクトラム症とＡＤＨＤについて書いてきました。２章で触れたように、こうした子どもたちは複数の発達障害を併せ持ちます。未就学の子が学校に行くようになるとき、私は学習障害の兆候が現れてくるかに気を使っています。最終章では学習障害についてて述べます。

17章　勉強のできない子

学習障害（ＬＤ）の特徴とは

学習障害（Learning Disabilities＝ＬＤ）はなかなか実態の見えにくい発達障害です。文部科学省によると、「学習障害とは、基本的には全般的な知的発達に遅れはないが、聞く、話す、読む、書く、計算する又は推論する能力のうち特定のものの習得と使用に著しい困難を示す様々な状態を指すものである」とされています。

なぜ、文科省の定義を引用するかと言えば、ＬＤという言葉自体が教育分野での言葉だからです。アメリカ精神医学会における分類では「限局性学習症／限局性学習障害」という診断名が用いられます。

もう少しかみ砕いて説明すると、知能は正常にもかかわらず、ある特定の分野の勉強が極端にできない状態を言います。ただ、みなさんはそう言われても、勉強が苦手な子どもとどこが違うのか分かりにくいかもしれません。

確かに小学校1年生くらいであれば、読み書きがあまり得意ではない子ども、数字が苦手な子どももいるでしょう。しかし授業が進んでいっても、読み書きや計算といった基本的な学習がぜんぜん進まなかったら、それは何か変だと保護者も思うかもしれません。

LDの子には、次のような学習の苦手さがあります。

- 2＋1とか、4－2ができない。答えを出すためには指を折らなければいけない。
- 計算はできるのに、文章題になると途端に答えが出せなくなる。
- 音読ができない。つかえながら、文字を一つずつ読み上げてしまう。
- 文字が書けない。「れ」と「わ」の区別、「ソ」と「ン」の区別があやふや。文字が左右反転（鏡文字）になったり、「へん」と「つくり」が入れ替わったりする。複雑な漢字になると、正しく書けない。
- 簡単な地図が読めない。
- おしゃべりはするけど、筋道が立っていない。考えがまとまっていない。

・教師からの指示を正しく理解できない。聞きもらし、聞き間違いが多い。

ＬＤというわけではありませんが、私も極端に算数が苦手です。微分・積分や三角関数などは解けるのですが、暗算ができません。17＋8などの繰り上がる計算は、必ず紙に書きます。33－18となると、電卓が必要になります。友だちからは「ふざけているの？」と冷やかされます（当然ながら、大学受験には大変苦労しました）。また私は時計を読むのにとても時間がかかります。時計を使った計算は必ず紙に書きます。こうした計算の弱さによって、日常生活の中で不便がたくさんあります。

たとえば、診療をするときに薬の処方では、量を間違えることは絶対に許されませんので、私はどんな簡単な計算でも計算機を使います。インフルエンザの治療薬のタミフルは、体重１kg当たり４mgを一日量として内服してもらいますので、17kgのお子さんであれば、17×４を電卓で計算し、暗算は行いません。

でも、ここにＬＤの子に対する一つの解答があります。それは、通常の学習では、読み書きや計算は大人になっても苦手のままなので、何かで代替すればいいということです。暗算ができなければ電卓を使うという解決法があるわけです。

読み書きができない子どもたち

読み書きができない障害を、ディスレクシアとか、発達性読み書き障害と言います。ディスレクシアの子どもは、教科書の文字を正確に滑らかに読むことができません。音読することも苦手です。文字が読めないので、国語の点数だけでなく、ほかの教科の教科書も上手に読めません。そして読解力は関係のない、音楽の成績は優秀だったりします。

書くことも上手ではありません。正確な文字や文章を書けなかったり、「っ」とか「ゃ」「ゅ」「ょ」を使うことができません。また、マス目に文字を収めるのも苦手です。

ディスレクシアの子の脳の中はこんなふうになっていると想像されます。たとえば、「つくえ」という文字を見るとします。この「つくえ」という「形」が脳の中で、「ｔｓｕ・ｋｕ・ｅ」という「音」に変換されず、また、机という物体の「画像」にも変換されません。したがって、「つくえ」という文字の形だけしか脳の中には浮かんできません。

大人は脳梗塞や脳内出血によって後遺症が残ることがあります。病気のあとで、言葉が不自由になってしまうことがあることを、みなさんもご存じでしょう。言葉が出なくなってしまうことを運動性失語と言います。これは脳のブローカ領域の不具合です。

また言葉は出るのに、言い間違いが多く、聞いて理解することが困難な失語症のことを感覚性失語と言い、これはウェルニッケ領域の不具合によります。ディスレクシアの子どもでは、先天的にウェルニッケ領域に何らかの異常がある可能性が指摘されています。

また聞く力や見る力が弱い子どもは、自閉スペクトラム症で説明した感覚過敏が関わっている可能性があるとされています。たとえば、聴覚過敏があると、たくさんの音の中から一つの音だけに集中することができません。すると、先生の話していることが聴きとれなくなります。視覚過敏があると、多くの情報の中から特定の文字や数字を見つけ出すことができなくなります。教科書の行を追って読めない子は、1行ずつ文章が現れるように、白紙でそれ以外の文章を隠すと読みやすいことが知られています。

また、視覚情報処理機能が弱いと、見たものを立体的・空間的に把握できなくなり、色や形や位置や動きを正しく理解できなくなります。そうすると、書き写すという力が弱くなったり、筆算でタテに桁を合わせるということが苦手になります。立体の図形問題もうまく解くことができなくなります。

ＡＤＨＤの章で説明したワーキングメモリの弱さもＬＤに関係している可能性が高いとされています。ワーキングメモリが弱いと、短期記憶が保てませんから、先生の言うことを聴きとって心に留めたり、筋道を立てて話したり、作文を書いたり、繰り上がりの計算をしたり、文章問題を解くことが苦手になります。

このように見てくると、LDとは勉強が苦手というよりも、先天的な脳の働きの障害ということがよく理解できると思います。

通級の学習指導があります

では、LDはどういう経路で発見に至るのでしょうか？　学習に困難があるのが症状ですから、就学前に気づかれることはほとんどありません。小学生になって学習が進むにつれて明らかになっていきます。つまり最初に異常に気付くのは、保護者ではなく、小学校の先生です。

ところが多くの場合、この段階で医療への橋渡しが行われないままになることが多いようです。教師は、児童がLDであると感じたときに、二つのことを保護者に勧めます。一つは医療機関の受診です。もう一つは、通常の学級に在籍しながら、障害の状態に応じて特別な指導を受ける「通級」の学習指導です。ところが実際には、どちらも選ばない保護者が多いという声を、私は複数の教職者から聞いたことがあります。

2章で説明したように、文科省の調査によれば発達障害で多いのは、順番に、①LD、

②ADHD、③自閉スペクトラム症です。ところが、小児クリニックを受診するLDの患者例は大変に少ないと言えます。これはおそらく、保護者がLDを医療機関で診てもらう疾患と思っておらず、勉強が苦手な状態と認識しているからではないでしょうか。確かにLDの子に対して医師にできることはあまり多くないのは事実です。

では、通級の指導はどうでしょうか？　通級の指導を受けるということは、同時にLDの診断を受けることでもあります。このことについて説明します。

教師が児童のLDの可能性に気付き、保護者もわが子がLDと認識するとします。学習の遅れが出ますから、保護者はこの状態を改善したいと考えます。教師は保護者に通級の指導を提案し、保護者もそれに同意します。学校は、子どもの状態をLDに関する公的機関に相談します。特別支援教育センターや発達障害者支援センターなどです。千葉市の場合、千葉市養護教育センターがそれに該当します。

保護者と学校と養護教育センターが連携を取りながら、親が養護教育センターに相談の申し込みをします。予約日に、親子でセンターに行き、面談を受けます。知能検査（WISC＝ウィスク）を行い、知能性が正常であることを確認します。LDの状態にあるか、読み書き、計算などの検査を行います。この段階でLDの診断がつきます。

センターは教育委員会と合同で、就学指導委員会を開き、通級が適当であるかを判定します。通級の必要性が認められれば、学校と連絡を取り合いながら、（もちろん学籍は学校に残したまま）通級の指導に通います。

通級とは具体的には、通常の学校に加えてほかの学校にも通うことです。千葉市は六つの区から成り立っていますが、ＬＤの通級の教室を設置しているのは、各区に一つずつです。つまり保護者は遠距離にある通級の教室へ子どもを連れて行く必要があります。毎週1～2コマ（1コマは45分）、通級で指導をしてもらいます。

通級が対象としているのは、ＬＤだけではありません。知的障害のない発達障害はすべて対象になります。

さて、通級ではどういう学習が行われているのでしょうか。学習の遅れを取り戻す補習をやっていると思っている方が多いようですが、そうではありません。そもそも週に1～2コマの学習で遅れを取り戻すことは不可能です。

通級の最大の目標は、通常の学級で勉強がしっかりとできるように、学習に必要な能力をトレーニングし、児童が自立活動できるようにしていくことにあります。発達障害の児童は、学習面や生活面でいくつもの困難を抱えています。その難しさが具体的にどういう点にあるのかを明らかにし、その弱点を改善し、乗り越えていくための指導をしていきます。

ですので、通級とは、勉強のしかたを強くする所と言えるかもしれません。つまり各論を勉強するのではなく、読み・書きの総論を学ばせて自立を促していくことを目指しています。

また14章で説明したように、ADHDや自閉スペクトラム症の子どもには、SSTが通級指導として行われることもあります。こうした弱い部分へのトレーニングをすることで、通常学級での学習や生活が改善していくことが期待されます。

ところが問題は、こうした通級による学習を受けていない子どもが多いのではないかと思われる点です。文科省の平成31年の資料によると、小中学校の通級指導の数は、

- 自閉症　　約1万9600人
- ADHD　約1万8100人
- LD　　　約1万6500人

となっています。最も多いはずのLDの子どもが、通級指導が最も少ないのが現況です。

前述したように、通級のことを保護者に提案しても多くのケースで辞退されるそうです。

その考えられる理由を、ある小学校の校長先生が次のように説明してくれました。

1　保護者がLDという障害を受け入れられない

自分の子どもを信じたいという気持ちと同時に、「勉強がちょっと遅れているだけ」「勉強が少し苦手なだけ」という気持ちになる。障害を認めたくない、認めないという心理が働いている。

2　親の努力や、教師の力で何とかしたい

通級指導を受けなくても、親ががんばれば、あるいは先生にがんばってもらえれば、学習は伸びていくはずだから、通級指導は希望しない。

3　通級への拒否感

障害があったらどうしようという恐怖感から、教育センターに相談したくても相談できない保護者がいる。通級指導へ通うことに対して、「イジメに遭ったらどうしよう」という強い心理的抵抗がある。

確かに通級指導に週に1〜2回通うというのは、親にとって大変な労力です。共働きの家庭では相当難しいかもしれません。また、クラスメイトの視線が気になるというのももっともでしょう。イジメとまではいかなくても、何か言われたらイヤだという心理は当然、保護者には働くでしょう。

また、ＡＤＨＤや自閉スペクトラム症の子どもたちは、周囲の友人たちとの間で起こる困りごとを抱えているのに対して、ＬＤは自分一人が困っていると言えます。したがって保護者から見れば、他人との間で軋轢を生じていない分、困り感が少ないのかもしれません。わが子の「勉強の苦手さ」は、努力で乗り越えられると考え、障害と受け入れることが困難なのは十分に考えられます。

怠けているわけでも、さぼっているわけでもありません

では、通級指導に通わないで、自宅でできることは何でしょうか。通級指導の最も大事な要点は、子どもの自立を促し学習の手助けをすることだとすでに述べました。しかし自宅でこういった特別な教育を保護者ができるということはあり得ないと思います。6章で、ＴＥＡＣＣＨというプログラムで自閉症児の文化を理解する大切さを説明しましたが、ＬＤでもこの考え方が大事になります。

ＬＤの子どもを伸ばすには、まず保護者自身がＬＤに対する理解を深める必要がありま

す。ＬＤの子どもは怠けているわけでも、さぼっているわけでもありません。脳の先天疾患によって特定のことができないのです。それをむりやり勉強を強制してもできるようにはなりません。そのことを知った上で、子どもにＬＤという特性について説明してやることが重要になります。

ＬＤもほかの発達障害と同様に最も避けなければならないのは、二次障害に陥ることです。勉強ができないことを責め立てれば、本人は自尊感情を失い、自分を否定的に捉え、うつになったり、不登校になります。そうならないためにも、子どもにＬＤの特性を正確に伝え、苦手の領域があってもそれは特性のせいだから、自分を卑下しなくてもいいことを分からせてください。

ディスレクシアの子でも、読み書きがまったくできないわけではありません。時間がかかったり、不正確な読み書きがあったりしますが、できる部分もあります。そういう部分を見つけて肯定してください。できない部分を取り出して否定しても何の意味もありません。１００点でなくてもいいので、できた所までの過程を褒めてください。

読み書きができなくても、算数が得意かもしれません。音楽とか、図画工作とか、タブレットやパソコンの操作が上手かもしれません。お子さんの得意なところを見つけて、それを褒めて伸ばしてください。そうすることで子どもは自信を付けていきます。

学校の学習は、復習よりも予習が大事です。親子で一緒に教科書を読んで、明日の授業でつまずかないようにしてください。成功体験は自信につながります。授業が分からないと、学校へ行くこと自体がつまらなくなります。特に読みに障害のある子はすべての授業が分からなくなるため、不登校の原因になるという指摘もあります。

苦手な領域を自宅学習で補うべきかは難しい問題です。学校でも緊張を強いられ、自宅でも勉強しなくてはいけなくなると、子どもにはストレスがかかりっぱなしになります。これはすべての発達障害の子に共通する問題ですが、療育や学習を自宅でどこまでやるかは、保護者の価値観によって決まると思います。しかし家庭がストレスの場であってはいけないというのが私の考え方です。

乗り越えられない壁は、むしろさけてしまう方がいいと思います。読み書きが苦手の子は、タブレットやパソコンを使うという方法があります。読みが苦手な子は、「読み上げ」機能のアプリを使うといいでしょう。あるアプリではカメラで教科書を撮影すると画面に文字が表示されます（これをOCR＝光学的文字認識と言います）。そして再生ボタンを押すと、文章を読み上げてくれます。

また別のアプリでは青空文庫（たとえば『吾輩は猫である』のように著作権が切れて無料でダウンロードできる）の本を全部読み上げてくれるものもあります。

書きが苦手な子は、タブレットやパソコンにキーボード入力するという方法を取るといいでしょう。また、あるアプリでは、入力したあとに文章を読み上げてくれるものもあります。読み上げはできるけどキーボード操作が苦手の子には、マイクに向かって喋ると、音声が文字に変換されるアプリもあります。

こうしたアプリの機能は数年前とは比べものにならないほど進歩しています。OCRの正確性などはちょっと驚くほどです。こうしたアプリが（多くの場合）無料で入手できるというのは、時代の変化を感じさせます。

まだ十分に広がりは見せていませんが、キーボード入力で受験できる高校もあります。こうした動きは必ず拡大していくはずです。ぜひ、タブレットで「読み上げ」とか「入力」で検索して、どんなアプリがあるかチェックしてみてください。

LDの子に対しても療育は可能です。年齢的に放課後デイになると思います。放課後や夏休みを利用して施設に通い、LDのための療育プログラムを受けることができます。利用のしかたは、これまで述べてきた自閉スペクトラム症やADHDの子どもたちと同様で、受給者証の発行を受ける必要があります。

ただLDの療育は、どのような計画を立てて支援を行っているのかは、施設によってかなり違いがあるようです。保護者のニーズを施設に伝え、学校とも連携してもらえれば、その効果はいっそう増すことになると思います。通級指導とはまた少し違った支援になるでしょう。療育施設を選ぶにあたっては、障害児相談支援事業所の人とよく打ち合わせてみてください。

くり返しになりますが、就学前に自閉スペクトラム症やADHDの診断を受けたり、その可能性を指摘された場合、小学校に入ってから勉強に苦手分野が出てこないか注意を払ってやってください。

親がわが子の発達障害を疑ったとき、あるいは、医師からわが子の発達障害の可能性を指摘されたとき、親はこの先どうなるのだろうかと途方に暮れてしまうかもしれません。しかし発達障害の子に対する医療や行政、教育のサポートは年々手厚くなっています。必ず周囲に助けてくれる人たちがいます。そして子どもには必ず伸びしろがあります。ぜひ、多くの関係者とのつながりを太くしていって、お子さんの苦手な部分を強くしていってください。

あとがき

私が開業医になった２００６年の時点では、発達障害の子どもは現在ほど多くありませんでした。ただ、風邪で受診する子の既往歴の項目に、「広汎性発達障害」や「自閉症」という文字があることに出会い、私は発達障害について少しずつ勉強しようと考えました。勉強と言っても、医学生時代の教科書はぜんぜん役に立ちませんでした。私の持っている精神科の教科書（１９７８年発行）には、「早期幼児自閉症」という言葉があり、この疾患は児童分裂病（統合失調症のこと）との違いがまだ明確ではありませんでした。

そして当時は、微細脳損傷（Minimal Brain Damage＝ＭＢＤ）という概念がありました。脳に微細なダメージを負った子が、種々の行動異常や学習困難を来すと考えられていたのです。これらは今日ではＡＤＨＤとＬＤに相当すると理解されています。もちろん、脳に損傷などはありません。

ちなみにMBDは医師国家試験にも出題されたことがあり、私は医学生の頃に過去問を解いていてこの単語にぶち当たり、慌てて教科書を開いた記憶があります。勉強を始めてからだいぶ時間が経ちました。医学論文・教科書・専門書・一般啓蒙書を読んで知識を増やしていくと、それと並行するように、発達障害の子どもが私のクリニックにもしだいに多くやってくるようになりました。

定期的にやってくる親子もいますし、何か問題が起きたときだけ相談に見える家族もいます。そういった家族と、可能な限り時間を作って話をするようにしています。私の助言が家族にとって何かの助けになっていることもありそうですし、逆に私が患者家族から学ぶこともあります。

みんなどの家庭も、大なり小なり悩みごとを抱えています。特に、初めて発達障害の可能性を指摘された保護者は、その先の道筋が見えずに動揺します。本来であれば、保護者の不安が消えるまで十分に説明を尽くせばいいのですが、外来診療でできることには限りがあるのも現実です。私がいつも感じている「言い足りないこと」「伝えたりないこと」を文章にまとめてみようと思って執筆したのが本書です。

私は4章でABAについて、6章でTEACCHについて説明をしました。前者には「子どもを褒めて伸ばす」というメッセージが含まれています。後者には「子どもを尊重する」という思想が根本にあります。私はこの二つが発達障害の子を育てていく基本であると考えています。それは自閉スペクトラム症だけでなく、ＡＤＨＤやＬＤの子にも当てはまります。

本書を読んで、最初の一歩を踏み出した方は、二歩、三歩と歩み出していってください。本書よりも細かいところまで書いてある一般書はたくさんあります。そういう本もぜひ手に取ってみてください。

自閉症が重篤で、まったくコミュニケーションが取れず、暴れたり、自傷をする子がいることは、私もよく知っています。本書では触れていませんが、親の会などで仲間を作ることも助けになります。ぜひ、心を強くして乗り越えてください。13章のミキちゃんのお母さんは「待つことが大事」だと言っていました。今はつらくても、信じて待ってみてください。

なお、本書に登場する子どもたちの名前はすべて仮名です。プライバシー保護のため、本論や要旨を変えないことを前提に細部に変更を加えてあります。

また、千葉大学医学部附属病院こどものこころ診療部の佐々木剛先生から、いくつもの専門的助言を頂きました。千葉市社会福祉協議会・千葉市桜木園園長の柿沼宏明先生からは、千葉市医師会発達障害支援研究会を通じて多くのことを学びました。この場を借りて感謝申し上げます。ただし、本書の文責は私にあることは言うまでもありません。

最後に中央公論新社の中西恵子さんにお礼を申し上げます。いつも丁寧な編集をありがとうございます。

2020年9月6日

自宅書斎にて　松永正訓

主な参考図書（本書を土台にして次のステップへ役立つもの）

『イラストでわかる　ＡＢＡ実践マニュアル――発達障害の子のやる気を引き出す行動療法』（藤坂龍司／松井絵理子／つみきの会編、合同出版、２０１５年）
『教えて、のばす！　発達障害をかかえた子ども――幼児期のＡＢＡプログラム』（平岩幹男監修、宍戸恵美子、少年写真新聞社、２０１１年）
『自閉症児のためのＴＥＡＣＣＨハンドブック』（改訂新版、佐々木正美、学研プラス、２００８年）
『自閉症の特性理解と支援――ＴＥＡＣＣＨに学びながら』（藤岡宏、ぶどう社、２００７年）
『ＴＥＡＣＣＨプログラムに基づく自閉症児・者のための自立課題アイデア集――身近な素材を活かす95例』（諏訪利明監修、林大輔、中央法規出版、２０１９年）
『保護者が知っておきたい発達が気になる子の感覚統合』（木村順、小黒早苗協力、学研プラス、２０１４年）
『感覚統合Q＆A　改訂第2版――子どもの理解と援助のために』（土田玲子監修、石井孝弘／岡本武己編、協同医書出版社、２０１３年）

『育てにくい子にはわけがある――感覚統合が教えてくれたもの』（木村順、大月書店、２００６年）
『高機能自閉症・アスペルガー障害・ＡＤＨＤ・ＬＤの子のＳＳＴの進め方――特別支援教育のためのソーシャルスキルトレーニング（ＳＳＴ）』（田中和代／岩佐亜紀、黎明書房、２００８年）
『特別支援教育をサポートする 図解よくわかるソーシャルスキルトレーニング（ＳＳＴ）実例集』（上野一彦監修、岡田智／中村敏秀／森村美和子、ナツメ社、２０１２年）
『読んで学べるＡＤＨＤのペアレントトレーニング――むずかしい子にやさしい子育て』（シンシア・ウイッタム、上林靖子ほか訳、明石書店、２００２年）
『こうすればうまくいく 発達障害のペアレント・トレーニング実践マニュアル』（上林靖子監修、北道子／河内美恵／藤井和子編、中央法規出版、２００９年）
『子どもの達成感を大切にする通級の指導――アセスメントからつくる指導のテクニックと教材』（山田充、かもがわ出版、２０１９年）

カバーイラスト　ながしま ひろみ
本文イラスト　松永夕露
ブックデザイン　アルビレオ

松永正訓　Matsunaga Tadashi

1961年、東京都生まれ。87年、千葉大学医学部を卒業し、小児外科医となる。日本小児外科学会・会長特別表彰など受賞歴多数。2006年より、「松永クリニック小児科・小児外科」院長。13年、『運命の子 トリソミー――短命という定めの男の子を授かった家族の物語』(小学館) で第20回小学館ノンフィクション大賞を受賞。19年、『発達障害に生まれて――自閉症児と母の17年』で第8回日本医学ジャーナリスト協会賞・大賞を受賞。著書に『小児がん外科医――君たちが教えてくれたこと』(中公文庫)、『呼吸器の子』(現代書館)、『子どもの病気 常識のウソ』(中公新書ラクレ)、『いのちは輝く――わが子の障害を受け入れるとき』(中央公論新社)、『小児科医が伝える オンリーワンの花を咲かせる子育て』(文藝春秋) などがある。

発達障害《はったつしょうがい》 最初《さいしょ》の一歩《いっぽ》
――お友《とも》だちとのかかわり方《かた》、言葉《ことば》の引《ひ》き出《だ》し方《かた》、
「療育《りょういく》」の受《う》け方《かた》、接《せっ》し方《かた》

2020年10月10日　初版発行

著　者　松永正訓《まつながただし》

発行者　松田陽三

発行所　中央公論新社
〒100-8152　東京都千代田区大手町 1-7-1
電話　販売 03-5299-1730　編集 03-5299-1740
URL http://www.chuko.co.jp/

DTP　市川真樹子
印　刷　大日本印刷
製　本　小泉製本

Published by CHUOKORON-SHINSHA, INC.
Printed in Japan　ISBN978-4-12-005342-9 C0036

中央公論新社既刊から

発達障害に生まれて

——自閉症児と母の17年

松永正訓 著

人の気持ちがわからない。人間に関心がない。コミュニケーションがとれない。勇太くんは、会話によって他人と信頼関係を築くことができない。それは母親に対しても同じだ。でも母にとっては、明るく跳びはねている勇太くんこそが生きる希望だ。幼児教育のプロとして活躍する母が世間一般の「理想の子育て」から自由になっていく軌跡を描いた渾身のルポルタージュ。子育てにおける「普通」という呪縛を問う。

中央公論新社既刊から

いのちは輝く

――わが子の障害を受け入れるとき

松永正訓 著

わが子が障害を持っているという現実をあなたは受け入れられるだろうか……。不条理な現実を受け入れるまでの拒絶と葛藤、受け入れることができたときの感動を経験する親がいる一方で、子どもの命を自分の手で奪ってしまおうとする親、病院に捨てられてしまう子どももいる。あまりの障害の重さに治療を迷う医師もいる。幼い命をめぐる大人たちの拒絶と受容の果てには、読む者に静かな感動を広げる命の旋律が響き始める。

中央公論新社既刊から

子どもの病気 常識のウソ

松永正訓 著

「風邪には抗生物質が効く?」「ステロイド軟膏が危ない?」「便秘薬はクセになる?」裏づけのない医療情報を信じるな。読売新聞 オンライン(YOL)ヨミドクターで、17万PVを記録したインフルエンザの記事など大好評連載をまとめた。

中公新書ラクレ